Martin Luther

Johannes 17

Kristi bøn

Martin Luther

Johannes 17

Kristi bøn

Oversat og tilrettelagt
Finn B. Andersen

© 2018 Finn B. Andersen

Oversat og tilrettelagt: Finn B. Andersen

Forlag: Books on Demand GmbH, København, Danmark
Tryk: Books on Demand GmbH, Norderstedt, Tyskland

ISBN 978-87-430-0209-3

Indholdsfortegnelse

Forord

ordne reformationens indførelse. I denne tid tog Luther sig af hans prædikestol i Wittenberg og prædikede 3 til 4 gange ugentlig. Blandt andet prædikede han da i 1528 over Jesu ypperstepræstelige bøn. Luthers ven Caspar Crutziger har nedskrevet disse prædikener og færdigredigeret dem til trykken, og sådan udkom de i 1530 med Luthers forord.

Det er en af de første tekster, hvor reformationens lære om Guds universelle frelsesvilje lyder fuldtonende. Her er ikke længere skyggen af talen om den skjulte Gud, som skulle stå i modsætning til den åbenbarede Gud. Luther fastslår her igen og igen, at der ikke findes nogen anden vilje i Gud end den, der er åbenbaret i Jesus Kristus. Der er ingen dybere lag eller skjulte kroge, hvor der kan gemme sig en anden vilje end den, Jesus Kristus har forkyndt for os:

> Ved denne gerning, at Gud sender sin søn, har han åbnet os *hele sit hjerte og sin vilje,* så man ikke ser andet end overvældende, uudgrundelig kærlighed og barmhjertighed. *Men når jeg nu har Faderens hjerte, så har jeg ham helt med al hans guddommelige magt og kraft.* Her står Faderens hjerte, vilje og gerning åben for mig, og jeg *kender ham fuldstændig.*

Klarere kan det ikke siges, at Luther har sagt farvel til talen om den skjulte Gud. I Kristus kender vi Gud fuldstændig. Jesus viser os Gud Faders sind, hjerte og vilje over for os.

Det er Djævelen, der forsøger at tegner en streg og laver en adskillelse mellem Gud og Kristus med to slags tanker, så man søger Kristus på korset, men Gud højt oppe i Himlen. Derfor skal vi vænne os til sådan at anse og høre den herre Kristus, som at vi visselig ser og hører Faderen. Kort sagt, du kan intet se og høre af Kristus, uden at du ser og hører Faderen selv. Den, som hører Kristi mund og ord, hører det ord og den mund, der har skabt himmel og jord med et pust.

At alle mennesker så alligevel ikke hører dette ord i tro, det skyldes altså ikke en eller anden hemmelig vilje hos Gud: "Det er ikke sædens skyld, men jordens", som Luther siger det med billedet af sæden som Guds Ord. Årsagen skal ikke findes i Guds ord, men hos tilhørerne. Der er ingen mangel på hverken kraft eller vilje i evangeliet.

Finn B. Andersen

Luthers forord

Disse mine prædikener om vor Herres Jesu Kristi bønner i Joh 17, har jeg ikke alene gerne set udgivet i trykken, men *jeg har også selv bedt min kære ven magister Caspar Crutziger, der er dygtig til dette arbejde, om at samle dem og præsentere dem i en tydelig og smuk form – fordi jeg ikke selv har haft tid dertil og heller ikke er så god til det* – og sådan lade andre få del i dem. For jeg véd, at disse krummer og denne drik koldt vand vil være kær og gavnlig for de rette fromme kristne, som hungrer og tørster efter retfærdigheden, og det er også alene dem, vi vil tjene hermed. De kedelige, overmætte, tåbelige helgener har mere end nok uden vor hjælp og tjeneste, og vi vil heller ikke tjene dem dermed, undtagen de mangler noget nyt at dadle og spotte. Jeg anbefaler hermed disse prædikener og mig selv til alle tro Kristi lemmers bøn. Guds nåde være med os. Amen.

Johannes 17

Blandt alle vor Herre Jesu Kristi gerninger kunne vi særlig ønske at høre, hvordan han har båret sig ad, når han har bedt og talt med sin kære fader, fordi der er skrevet meget om, hvordan han har prædiket og gjort undergerninger, men kun lidt om, hvordan han har bedt. Nu står det skrevet her for øjnene med mange ord, hvad han har talt om til sine disciple og sagt dem til afsked, og dog agter ingen derpå. Var det ikke skrevet, så ville vi løbe derefter til verdens ende.

Og det er sandelig en overmåde stærk og inderlig bøn, hvori han har åbnet og ganske udøst sit hjertets dyb over for os og sin fader. Men det er sådanne ord, som hvis de høres uden ånd, da vil klinge i vore øren som ene børnesnak, der hverken har kraft eller saft, og som ikke er værd at omtale. For fornuft og menneskevisdom agter intet på det, som ikke fremsættes og iklædes prægtige og højtklingende ord, så at enhver må spile øjne og øren op.

Men hvis vi kunne se og betragte, hvem den mand er, der beder, ja også den, der bedes til, samt hvor stort det er, han beder om, da ville vi ikke regne det for uværdigt og ringe, men mærke og føle, hvilken overvældende kraft og trøst, der indeholdes i disse enfoldige ord. For her iagttager han selv den regel, som han har givet og lært os, at når man rigtig vil bede, behøver man ikke at fremføre mange vidtløftige og herlige ord, men kun slet og ret det, der er det bedste. Derfor skal vi ikke anse denne bøn for så ringe eller flygtigt springe den over, som om det var unyttige, menneskelige ord, om hvilke enhver indbilder sig, at han kunne gøre det langt bedre, men hvis nogen prøvede derpå, da ville snart kunst, ord og måde svinde bort.

Men det er indholdet og årsagen til dette kapitel. Til en god prædiken hører en god bøn, for når man har talt ordet, må man begynde at bede for, at det må have kraft og bære frugt. For når den Herre Kristus nu har givet og fuldendt hele sit læreembede, velsignet sine disciple med den dejlige, lange trøsteprædiken, da måtte han også til sidst give en bøn både for dem og alle kristne, for at han som vor eneste ypperstepræst helt kunne fuldføre sit embede og intet undlade, der kunne styrke og opholde dem, fordi han efterlod dem ene i verden.

Derfor har jeg altid sagt, hvor nødvendig en kristen bøn er, at troen ikke kan bestå eller vedblive uden den. For de, der prædiker, hører, og kender Guds ord og ikke tillige beder, de bør forstå, at de er for dristige og sikre, som om de slet ikke behøvede Guds nåde. De ser heller ikke deres nød og fare, men indbilder sig, at de nu står fast og har alt, hvad de kan forlange, men i så fald, vil Djævelen forfølge dem, forføre og nedstyrte dem, så at de ikke bliver det, de skulle være. Derfor lærer Kristus os med sit eget eksempel næst efter prædikenen ikke at glemme bønnen, for at ordet ikke skal fortabes eller ikke bære frugt. Men jeg frygter for, at vi ikke til fulde forstår hvor megen kraft, hvor mange egenskaber og dyder denne bøn har. For skønt den lyder så simpel og enfoldig, så er den dog så dyb, rig og vid, så ingen kan udgrunde den.

For det første siger evangelisten:

v1 Sådan talte Jesus; og han så op mod himlen og sagde

For han har givet bønnen den ros og ære, at han *bruger ydre bevægelser* for at dæmpe de gale helgener og for at stoppe munden på dem, som siger, at sådanne ydre ting intet gælder, for her ser du, at han ikke alene beder højt, så at disciplene hører det, men han bruger også sådanne måder og bevægelser, som man plejer, at nogle falder på knæ, nogle på deres ansigter, nogle står og ser op mod himlen. Alle tre slags måder vises i Skriften, som da kong David faldt på jorden, da han bad for sit barn i syv dage: 2 Sam 12, 16. Kristus både bøjede knæ og faldt på jorden, da han bad i Getsemane have. Ligeså Peter i Luk 5, samt mange andre, der faldt ned for Jesu fødder. Med hensyn til at stå oprejst nævnes det i Matt 6, 5.

Der lægges ikke stor vægt på, om man står, falder på knæ eller på sit ansigt, for det er legemlige bevægelser, der hverken er befalede eller

forbudte som nødvendige, som meget andet: at løfte øjnene mod himlen, folde hænderne eller slå sig for brystet, kun skal man ikke foragte
det, da Skriften og Kristus selv roser det. Derfor siger Paulus i sin bøn
Ef 3, 14: "Derfor bøjer jeg mine knæ for Faderen". Ligeledes i 1 Tim 2,
8: "Jeg vil altså, at mændene alle vegne skal bede med fromt løftede
hænder, uden vrede og uden splid" Skønt der heller ikke er noget ondt
i, om en, der binder neg på marken eller ligger i sengen, alene beder
med hjertet.

Men det er sandt, at hvis det kun er ydre bevægelser, mumlen og
plapren, som man hidtil har stået dagevis i kirkerne, talt på rosenkranse, vendt blade og sunget og hylet i kor, da kan det visselig ikke
kaldes at bede. For det sker aldeles uden hjerte og sjæl, og blandt sådanne er der ingen, der blot tænker alvorlig på at bede eller få noget af
Gud. *Men når sådanne fagter, syngen og talen eller læsen sker i den mening, at man dermed vil antænde hjertet, opvække lyst og andagt til at
bede, da er det nyttigt og godt.* Derfor er det også fra gammel tid befalet
i kristenheden daglig at synge og læse Davids Salmer, at man kan få
andagt til at råbe og sukke ved Guds ord, hørt med øret og talt med
munden, på sådan bøn og ydre opmuntring har vi også mange eksempler i Skriften. Sådan fortælles det i 2 Kong 3, at profeten Elisa, når han
ikke har følt sig andægtig eller munter nok, har ladet hente en harpespiller, hvorved han blev opmuntret og fik oplysning til at profetere.
Og derfor befalede David, at der daglig med alle slags instrumenter
glædelig skulle synges og spilles i templet, så folket kunne opvækkes
og blive glad til bønnen.

Jeg véd ikke, hvor stærke andre er i ånden, men så hellig kan jeg
ikke være, om jeg end var lige så lærd og åndfuld, som nogle indbilder
sig; ej heller sker det altid med mig, når jeg er uden ordet, ikke tænker
derpå eller omgås dermed, da er der ingen Kristus til stede, ej heller
nogen lyst eller ånd. Men så snart jeg tag er en salme eller et ord fra
Skriften for mig, så lyser og brænder det i hjertet, så jeg får et andet
mod og sind. Jeg véd også, at enhver sådan daglig skal mærke det hos
sig selv.

Grunden er den, som vi alle finder hos os, at vort sind og vore tanker er så usikre, tvetydige og ustadige, at selv om vi end ville begynde at bede noget alvorligt eller uden ordet og Skriften tænke på Gud, da går det visselig sådan, at før man ser sig om, er man hundrede kilometer borte fra den første tanke. Forsøg det, hvem som vil, og sig mig igen, hvor længe man kan fastholde en tanke, eller prøv i en time og lov mig da at sige alle dine tanker. Hvad gælder det? At du må skamme dig for dig selv og frygte, om du sagde, hvad der faldt dig ind. Man ville da binde dig og kaste dig i lænker som en gal hund. For mig hænder dette, om end jeg stræber at have de alvorligste og bedste tanker. Så elendigt og usselt er et menneskehjerte, at det vakler og svajer frem og tilbage, så at ingen vind eller vand er så bevægeligt og ubestandigt.

Herpå kan jeg fremføre et eksempel, som man læser om Bernhardt, der har prøvet herpå, og en gang beklaget sig til en god ven over, hvor svært det var rigtigt at kunne bede og ikke at kunne bede et Fadervor uden at blive forstyrret af fremmede indfald. Vennen undrede sig herover og mente, at det slet ikke var nogen kunst eller arbejde. Bernhardt væddede da med ham om, at han skulle prøve det. Væddemålet gjaldt en god hest, hvis han blot straks ville forsøge derpå. Denne fordristede sig til straks at gøre det og begyndte at bede Fadervor. Men før han var færdig med den første bøn, faldt det ham ind, at hvis han vandt hesten, da måtte han også have sadel og bidsel med, kort sagt, andre tanker strømmede så stærkt ind på ham, at han straks måtte holde op og indrømme, at Bernhardt havde vundet. Kort sagt, kan du, uden at andre tanker forstyrrer dig, bede et Fadervor, så vil jeg holde dig for en mester. Jeg kan det ikke. Ja, jeg ville være glad, når andre tanker forstyrrer mig, om jeg dog kunne få dem til at forsvinde igen.

Jeg siger dette, for at man ikke så let skal glide over sådan en tekst, som sværmerånderne gør, men tilmed lære, hvortil sådan ydre ord og måde er nyttig og fornøden, *nemlig at hjertet derved holdes sammen og ikke forstyrres, men tværtimod hæftes ved bogstaverne* – ligesom man må støtte sig til et træ eller en væg for ikke at glide – *så ens egne tanker ikke skal flagre for vidt omkring.*

Dette undlader vore sværmere, for de tror, at når de beskæftiger sig med deres høje åndelige tanker, så er de på den rette vej og ser ikke, hvordan de uden ordet kommer på afveje og lader sig forføre af ene lygtemænd. Derfor advarer jeg mod sådanne flyvende tanker og *beder dig vogte dig for at handle over for Gud uden det mundtlige ord og bøn.* Dog må du gøre ret forskel på, at det ikke bliver blot en ydre bøn, hvori intet andet søges end gerningen, og mener at du har opfyldt det, når så meget er læst eller talt, da hjertet ikke engang erfarer, hvad munden taler eller tænker på, hvad det gør. Hjertet skal begynde og derefter følger mund, legeme, ord og bevægelser. Kort sagt, når der bedes af hjertet med lyst og alvor, da er alt prisværdigt og godt, hvordan man end bærer sig ad.

v1b Fader, timen er kommet. Herliggør din søn.

Her skal vi nu se, hvilke dyder denne bøn har. For først er der tre særdeles gode stykker deri, og navnlig dette, som tjener bønnen til gode: Først at man takker Gud, roser de velgerninger, man tidligere har fået af ham, som han her anfører, hvad Faderen har givet og skænket ham, ligesom vi nu også skal gøre. Kære fader! Du har givet os dit dyrebare og nåderige hellige evangelium og skænket os uudsigelig stor nåde. Dernæst må man også tale om nøden. Kære fader, hjælp os, at vi må beholde det og blive derved. Og for det tredje, skal man gå ud, tage fat og begære, at alle må blive hjulpet. Disse tre stykker forklarer han efter hinanden, og sådan skal enhver bøn være om timelig nødtørft, med sådan tak og bekendelse, at hvad vi har, er Guds gaver og goder, og derfor beder vi, at han vil bevare, styrke og formere det ved os og andre. Derfor kommer det an på at begynde bønnen godt, sådan at Gud synes om den og gerne vil høre os. Ligeledes finder du andre steder, hvor han herlig priser Faderen og ligesom holder en smuk kostelig prædiken midt i bønnen, som i slutningen af Matt 11.

Altså begynder han nu: "Fader, timen er kommet. Herliggør din søn, for at Sønnen kan herliggøre dig". Det er dog så simple og enfoldige ord, at de for verdslige øren ikke synes en krone værd. Men hvem, der forstår at udgrunde dem, ser også, hvor store ting og hvor megen alvor, der indeholdes heri. Indholdet er, kort sagt, sådan: Kære fader, jeg beder: Herliggør mig, dog ikke det alene, men sådan, at jeg kan herliggøre dig. Men at herliggøre betyder ikke andet end at prise og højt ophøje, at gøre herlig og rose, så at al verden kan synge og tale derom.

Og med disse ord viser han, hvordan det står til med ham, og hvad nød, der driver ham til en sådan bøn. Tiden er inde, siger han, at jeg skal lide og dø den allerskændigste død, så at al min klarhed, lys, navn og ære vil blive formørket og udslukt. Nu havde han udrettet store ting, prædiket herligt og arbejdet, bevist sin kraft og magt, så at hele verden burde have rost, æret og tilbedt ham på det herligste. Da hænder ganske det modsatte, at i stedet for al den ære og ros, der tilkom ham, bliver han overøst med skam og skændsel, hængt på korset imellem to mordere og må dø som den værste og mest fortvivlede skurk, jorden har båret, så at ingen morder er blevet så skændigt og skammeligt behandlet.

For så from er verden dog ellers, at når man tager livet af de værste forbrydere, da har enhver medlidenhed med dem, beklager deres elendighed og ynkes over dem, men denne ene, Kristus, verdens frelser, går det sådan, at enhver glædede sig over hans død, og hvor stærkt jøderne end lod deres vrede gå ud over ham, så var de dog endnu ikke tilfredse hermed. Kort sagt, der var ingen, som mente andet, end at der var ydet Gud den største tjeneste, og at verden var frelst, når dette menneske var borttaget fra jorden, for de holdt ham for det skadeligste væsen, der nogensinde var kommet til verden, så at man hellere måtte lide og tåle al slags plage end ham.

Det vil sige, de lod denne dyrebare udmærkede mand kaste ud i mørket. Sådan blev den kære Kristus, alverdens lys og salighed modtaget og æret af dem. Man forbandede og uddrev ham af verden som den værste djævel. På samme måde som deres fædre handler jøderne endnu, de vil hellere tåle alle djævle og ulykker, end de vil høre Kristus og hans moder Maria nævne. Sådan går det også med det kære evangelium, at de papistiske bander og alle vore fjender er større modstandere af vor lære end af nogen djævel eller ulykke! Den må være forbandet, fordømt og forjaget. Derfor findes der intet værre på jorden end lærdommen om Kristus og hans ord.

Se, dette kalder nu Kristus her, at hans time er kommen eller er forhånden; for han beder med sådan følelse og alvor, som om han nu hang på korset. Det er, som om han ville sige: Nu er jeg midt i skam og død og ligger i det dybeste mørke, nu er det tid, at du drager mig frem, ophøjer og ærer mig, fordi mit lys er så aldeles udslukt, og verden træder mig med fødder, enhver skyer og forbander mig, så der er intet andet råd eller hjælp, end den du selv beviser her. For at jeg kan komme ud af dødens svælg og Djævelens – mørkets fyrstes – magt, dertil hører en evig, almægtig og guddommelig kraft.

Hvordan er nu denne herliggørelse sket? Ikke anderledes, end at Faderen igen har opvakt ham fra de døde, kastet Djævelen under hans fødder, gjort ham til konge og herre over alle skabninger og offentligt ved evangelist ladet dette udråbe, så det kunne blive kendt i al verden. For som det én gang er sket på påskedag, sådan må det stedse prædikes indtil verdens ende og blive kendt fra barn til barnebarn.

v1c for at Sønnen kan herliggøre dig.

Der er straks et lille stykke af taksigelse i det lille ord: "Sønnen", så han bekender og roser, at han er en Guds søn og har alt af Faderen, hvilket han straks herefter videre forklarer. Han er hans søn fra evighed i én majestæt, magt og ære, men nu er han i verden i elendighed, svaghed, skam og død, ligesom forladt af Faderen og alle andre. Verden bruger al sin kraft og magt derpå, Djævelen al sin kunst og list, at han kan gøre ham til intet, så man ikke mere skal ihukomme ham, som det siges i Salme 41, 6: "Gid han snart vil dø og hans navn forsvinde!" De mener også, at de nu har fuldført det, da han hænger på korset og dør.

Derfor beder han nu: Fader, du véd, at jeg er udsendt af dig og kommet til jorden, derfor vil du jo ikke lade din søn blive i sådant et mørke. Herliggør mig derfor, ikke fordi jeg selv vil prale deraf, men for din æres og kærligheds skyld. For han var sendt, for at han skulle prise og herlig udråbe Faderens lov og ære. Han er også alene den mand, ved hvem Faderen kan kendes og æres. Var han nu ikke blevet herliggjort, så var også Faderens ære og pris fordunklet og udslettet, ja blevet med ham i skam og vanære. For hvad sønnen lider, må Faderen også tåle og lide, så verden og enhver havde spottet og sagt: Se, hvor er nu hans Gud og fader, som han så herlig roste sig af? Hvor kønt har han hjulpet ham osv.? For at dette nu ikke skal ske, må Faderen bevise sin magt og kraft på ham og vise ham en sådan ære, at al verden med sin skam må falde ham til fode og tilbede ham. Derved bliver da Faderen herliggjort. Det bliver kundgjort og prædiket, hvordan han kan hjælpe i svaghed, skam og død og gøre liv, ære og kraft deraf. Dette er begyndt, da Kristus kom fra døden til sin herlighed, fór til himmels og sendte Helligånden og endnu stedse lader prædike i hele verden indtil den yderste dag. For det er Helligåndens embede og gerning, at han ved evangeliet åbenbarer, hvor stor og herlig en ting, Gud har gjort for os ved Kristus, nemlig at han har forløst os fra synd, død og Djævelens magt, antaget os i sin nåde og beskærmelse og ganske og aldeles har givet os sig selv.

Denne Faderens herliggørelse er endnu stadig lige så fornøden som den herre Kristi egen. For når man ser rigtigt til, så ligger han i henseende til sit navn og ære for verden lige så dybt i mørket, som Kristus på korset i henseende til sit legeme og liv. For hvordan stod det til i verden i den tid? Da var alt fuldt af grueligt afguderi, så man også tilbad sol og måne, ja fisk og fugle, og den høje majestæts hellige navn måtte tåle, at man gav det til alle skabninger, men ikke til ham. Ja også jøderne selv, som kaldes Guds eget folk, driver under hans navn deres eget afguderi og stoler på gerninger og deres egen retfærdighed. Sådan går det endnu i vore dage, at enhver afmaler sig en Gud efter sine egne tanker med megen falsk gudstjeneste og helligheds skin og andre offentlige, gruelige gudsbespottelser, som verden er fuld af. Derfor behøvedes det nok at bede, at Faderen blev herliggjort, det vil sige: kundgjort ved evangeliet, hvordan han skal og vil agtes og æres, for at al falsk lærdom eller gudstjeneste og menneskepåfund kan ophøre og hans nådes lys alene skinne og gælde.

Deraf ser du, hvor den herre Kristi hjerte brænder, og hvor alvorlig en bøn, han fremfører af sit hjertes grund. For det gør ham ondt, at Guds navn er så dybt i mørket og bliver så gruelig skændet og bespottet, ja at den ganske verden ligger i blindhed og vantro. Han vil gerne straks dø og tåle al skam og forsmædelse, alene for at hans fader kan komme i lyset og hans ære opgå. Nu kan Faderen som sagt ikke blive forklaret, uden at Kristus først forklares. Man har kun prædiket om ham og agtet ham for en, der belønnede gerninger, der ville beundre vor hellighed og åndelige liv, men dette er ikke at prise Faderen, men os selv og vor fortjeneste, for Kristus selv vil ikke prises anderledes end af Faderen og igen priser ham derved, at folk går i sig selv og roser sig alene af hans nåde og godhed.

Disse ord taler nu den Herre Kristus for vor skyld, for at styrke vor tro mod den store forargelse, som møder det kære evangelium i verden og gør de fromme kristne meget ondt, at de må høre og se, at Guds navn overalt skændes og bespottes, fordi han lader sine kristue blive forfulgt og undertrykt, og viser sig, som om han ikke kan og vil hjælpe dem, så verden trodser imod dem og råber, at den har vundet. Dette har Kristus set og følt, at det stedse ville gå hans lille flok i verden, som det gik ham selv. Derfor beder han ikke alene, at hans person må blive herliggjort og herliggøre Faderen, men at det også må ske i og ved alle dem, som tror på ham. Denne bøn beviser endnu stedse samme kraft på de kristne, som den har bevist på Kristus, for at ligesom Faderen bliver forklaret ved Kristus, han også må blive forklaret ved os, og hvis vi nu lider og dør for hans ords skyld, skal vi dog ved denne skam, forsmædelse og død komme til evig herlighed og ære. Men selv om vore fjender her lever i herlighed og svæver ovenpå, skal de dog omsider styrtes og evig beskæmmes, hvilket også rigeligt nok er opfyldt, og som erfaringen viser fra apostlenes tider ved de kære blodvidner og andre.

Johannes Hus blev også på det forsmædeligste fordømt og dræbt, og dog er han kommet til en sådan ære, at det ord, som han har prædiket, er brudt igennem, lyser i al verden, fordømmer og beskæmmer pavedømmet og al dets ære. Sådan skal det også gå vore vrede fjender, som vil standse evangeliet og udrydde de kristne, af hvilke de allerede har brændt og myrdet mange. For stolte konger og herrer er vel blevet styrtet og gået under for evangeliets skyld, og mod disse er de nærværende fyrster og herrer kun tiggere. Vor tit er ikke det romerske rige skrækkelig og jammerlig forstyrret, sønderrevet og faldet i skam. Når man tænkte, at det var på det højeste og mægtigste, og det havde vist sig frygteligt med spotten, raseri, forfølgelse og blodsudgydelse mod de kristne, er samme tyranner og forfølgere skændigt omkommet, og deres navne stinker og er foragtede i al verden, men martyrernes navne stråler og æres. For denne bøn er bønhørt og gør modstand mod al raseri og vold på jorden, og kort sagt, som denne herliggørelse er begyndt, sådan går den endnu stedse frem i kristenheden ved denne bøns kraft og magt.

Man kan også mærke i denne tekst, at Kristus tillægger sig, at han alene er den mand, ved hvem Faderen kunne herliggøres, for dermed vil han også kuldkaste sit folks, jødernes, ros og herlighed, skønt de dog havde loven og den herlige gudstjeneste; intet af det havde kraft til at herliggøre Faderen eller lære os at kende den retfærdighed, som gælder for Gud. For kunne Guds ære og kundskab være blevet åbenbaret ved loven, så havde Kristus ikke behøvet at komme, prædike, lide og dø, for at han kunne herliggøre Faderen.

Dette skal også tjene dertil, at vi lærer, hvordan man ret skal søge og fatte Gud og omgås ham. For herliggøre Faderen er intet andet, end som sagt er, at man kender ham, ved, hvem han er, hvad han har i sinde, og hvordan man har det med ham. Til denne kundskab kan intet menneske komme uden ved Kristus. For Gud har intetsteds uden i og ved ham villet åbenbare sig, så man kan se hans hjerte og vilje. Nu ser man i Kristus kun uudgrundelig kærlighed og nåde, og uden ham intet uden vrede og unåde. Kort sagt, hvem der vil søge eller tjene Gud anderledes end i Kristus, han finder og tjener ikke den rette Gud,

Derfor har jeg ofte sagt og advaret, at enhver, som vil være sikker, skal vogte sig for alle høje tanker og grublen, når man uden hjælp vil søge Gud i hans majestæt, hans gerninger, vilje og råd, hente hemmelige og særlige åbenbaringer. For disse ting er ikke alene forkerte, men styrter også en i afgrunden. Og hermed er kort sagt fordømt al lærdom og tro på jorden, jødernes, muslimernes, munkenes, falske helgeners og sværmeres, ja alle, der vil tjene Gud, få nåde og bekende synd ved andre end den Herre Kristus, som ved deres gerninger, hellighed, store andagt, åndelige tanker osv. For det er bestemt, at Gud ikke vil lade sig erkende og finde uden ved dette ene, så at *hvor Kristus ikke er, er der heller ingen rigtig Gud eller gudstjeneste.* Men derom skal vi senere høre mere.

v2 Ligesom du har givet ham magt over alt kød, for at han skal give alle dem, som du har givet ham, evigt liv.

Her fortæller han videre både om det andet og tredje stykke, som er indesluttet i bønnen, som ovenfor nævnt, hvor han takker for og viser, hvad Faderen har givet ham og forkynder dette for hele verden. For her hører du, at han ikke beder for sig selv, som om han ville beholde herliggørelsen for sig selv. Bønnen skal hjælpe os til at få det evige liv; og derfor roser han sig af, at han har sådan en magt af Faderen over alt, som er stort og mægtigt på jorden, og beder ydmygt om, at Gud kan og vil føre hans lille flok, som hænger ved ham og er undertrykt i verden og lider skam og vanære, til en sådan ære, at den må leve evindelig. Dette vil sige: Jeg har jo alle konger, fyrster og alt det, som lever i kød og blod, i min hånd, så at jeg kan hjælpe mine kære kristne fra synd, død og al ulykke, uden at det bliver åbenbaret, fordi jeg nu lever her i sådan svaghed og vanære. Derfor beder jeg, at du vil herliggøre mig, at jeg kan gøre dette åbenlyst og bevise det.

Vor trøst og trods over for alle vore fjender er da den, at vi, der tror på Kristus og hænger ved hans ord, netop er dem, som af Gud fader er givet ham til ejendom, og han vil antage, skærme og opholde os, så at hvor meget verden end går os imod, så bliver vi dog i den Herre Kristus, så at den ikke kan skade os, hvor dybt den end undertrykker os, men den vil tværtimod føre os nærmere til det evige liv. Derfor skal vi uden ophør løfte vore hænder og love og takke Gud, at han regner os blandt dem, der hører ham til og er hans egne, fordi vi véd, at vi har hans ord, forfølges for dettes skyld og har verden til fjende. For hvem, der er sikker og vis herpå, behøver ikke at tvivle om, at han hører til den flok, der vil få det evige liv.

Af dette kan du endvidere slutte, da det er Kristi gerning og gave, at vi har det evige liv, at den ganske verden da med al dens visdom, magt og ære må blive til skamme ved os, ja endog gøre vor svaghed og afmagt til ære, som vor Herre Kristus tilstrækkelig har vist sine fjender, da han fra den dybeste skam kom til den højeste ære og evig har gjort al deres retfærdighed, ros, ære og hellige liv til skamme, alt dette, som de roste sig af, og hvorfor de forfulgte ham. For da han alene er det evige livs herre, så kan verden, der forfølger ham og hans kristne, ikke få det evige liv, selv om de stræber derefter og tror ved hjælp af egne kræfter at kunne erhverve det. Men når Kristus giver det evige liv, da må der være evig kærlighed og ære, og hvor dette ikke er, må der følge idel skam og ulykke, og da vi nu véd dette, så lad vore fjender skænde og spotte, så længe de kan, det vil dog snart få ende. For hvad er 30, 40 eller 60 år mod det evige liv andet end et øjeblik, ja som slet intet mod hele dette vort liv?

Men læg mærke til, hvordan Johannes frem for andre evangelister siger disse ord for at bekræfte den kendsgerning, at Kristus er sand Gud med Faderen. For disse ord: Ligesom du har givet ham magt over alt kød, for at han skal give alle dem et evigt liv, som tror på ham, viser, at han intet almindeligt menneske er. For sådan en magt over alt det, der lever, og til at give det evige liv hører ingen skabning til. Tage og modtage livet kan de vel, men at give livet er alene Guds gerning og kraft. For selv om englene lever evindeligt, kan de dog ikke give det til nogen. Når han da bekender, at han har magt til at give sine det evige liv og har fået sådan magt af Faderen, så viser han klart, at han har et eneste guddommeligt væsen og kraft med Faderen, og dog er de to forskellige personer. For at gøre det endnu klarere, siger han videre:

v3 Dette er det evige liv, at de kender dig, den eneste sande Gud, og ham, du har udsendt, Jesus Kristus.

Med disse ord udtrykker han, hvad det evige liv er, og hvori det består. Når han har sagt, at han har magt til at give det evige liv, så kunne jo nu nogen spørge: Hvori består da det evige liv, eller hvordan går det til, at vi får det? Derpå vil han svare: Således går det til, eller på den måde skal de få det, at de kender dig, den eneste sande Gud, og den, du udsendte, Jesus Kristus.

Denne tale har nu de kære fædre ført over for arianernes kætteri, som nægtede den herre Kristi guddom, ligesom det også er en herlig og mægtig tekst. Enhver kristen bør beflitte sig på, at han forstår og fatter Johannes' evangelium og udruster sig med sådanne ord for kommende kætteriers skyld, for *jøder, muslimer og kættere* har stedse spottet denne lære, og endnu lader denne djævel sig se mange gange. Og hvis han fik rum og luft, hvad Gud forbyde, da brød han snart ind med magt. *For dette er vor ypperste og bedste læresætning, ja grunden og klippen, hvorpå alle andre trosartikler må hvile.* Derfor lader Djævelen den ikke være uanfægtet, men bruger al sin kunst og snedighed, opvækker al slags forargelse og kætteri for at omstyrte samme. Ja, her er han en mester over alle mestre, for han kan fremføre så skønne tanker og stille alt i et sådant skær, at al fornuft, visdom og kunst bliver fanget.

Derfor må den, der vil være sikker, vogte sig for hvad fornuft og menneskelige tanker vil fremføre i denne artikel, og vide, at der ingen hjælp gives mod Djævelens forførelse uden at *holde fast på Skriftens rene og klare ord* og ikke tænke og gruble videre men helt lukke øjnene i og sige: Hvad Kristus siger, det skal og må være sandt, skønt hverken jeg eller noget menneske forstår og begriber, hvordan det kan være sandt. Han véd bestemt, hvad han er, eller hvordan han skal tale om sig selv. Den, som ikke gør dette, må fare vild og omkomme. *For det er dog ikke muligt med menneskelig fornuft og sans at fatte selv den ringeste trosartikel, for end ikke ét menneske på jorden har uden Guds ord nogen sinde kunnet få en rigtig tanke om Gud og sand kundskab om ham, hvilket hedningerne er vidnesbyrd om.*

Sådan skriver de om en lærd poet, nemlig Simonides, da han engang blev spurgt og skulle sige, hvad Gud er, eller hvad han mente og troede om Gud? Da fordrede han en betænkningstid af tre dage. Da disse var gået, og han skulle svare, forlangte han atter tre dage, for at han bedre kunne betænke sig, og efter dem ligeså igen tre dage, indtil han hverken kunne eller ville mere og sagde: Hvad skal jeg sige? Jo længere jeg tænker derover, des mindre véd jeg derom. Hermed er vist, at jo mere menneskelig fornuft søger at udgrunde Guds væsen, gerning, vilje og råd, des længere kommer den bort derfra og agter til sidst Gud for intet og tror slet intet, skønt der nu findes så mange, der udgiver sig for at være meget kloge. Sådan vil det gå alle, der færdes uden ordet, og som først spørger fornuften til råds i trosartikler og vil se, hvordan det passer sammen med den, sådan som det er gået med vore vildfarne ånder med hensyn til nadveren, dåben og andre stykker.

Da vi nu her har en så skøn og mægtig tekst, så lad os holde fast derved og ikke med fornuftens blinde greb fordunkle, ødelægge den eller tolke det anderledes. For her står de klare og tydelige ord, som enhver kan forstå: Kristus giver alle dem, som tror, det evige liv. Men da ingen kan give det evige liv uden Gud alene, så må deraf uimodsigelig følge, at Kristus er sand, naturlig Gud. Ligesom det evige liv grundes derpå, at man kender han, tillige med Faderen, og ingen kan uden at kende ham få det evige liv, så at det er én slags kundskab, hvormed han og Faderen kendes, sådan må han også være ét væsen og have natur med Faderen, det er: Han må være den samme Gud, men dog en fra Faderen forskellig person.

Dette, siger jeg, ses så klart og mægtigt i denne tekst, at endog fornuften intet kan sige derimod. *Men det er fejlen, at de ikke bliver ved ordene men lukker øjnene for dem og rydder dem af vejen.* De vil ikke blot tro, at ordene er sande, men vil også udgrunde og begribe, hvordan det går til, og da de ikke kan forstå det, så falder de fra, gør sig deres egne tanker, og siden drejer og tyder de ordet på den måde, de har opfattet det på.

Derfor har arianerne selv tydet og fordrejet denne tekst og lagt vægten på det lille ord "eneste", idet han siger den eneste sande Gud, ligesom han dermed havde udelukket sig selv og alene tilskrevet Faderen guddommen. Dette kaldes imidlertid ikke at bevise, men at forfalske Skriften, at tage ét ord ud og overspringe teksten, så man ikke ser, hvad ordene siger, når de er samlede. For det siger vi også, at det er sandt og rigtigt lært, at der ingen anden Gud er end ham alene. Men de, som hænger sig deri, vil ikke se, hvordan Kristus i alle ting sammenligner sig med Faderen og taler som den, der er den sande Gud, fordi han, som det er sagt, sætter det evige liv i at kende sig og Faderen og gør dem begge til én.

Men at han sætter ordene sådan, ("den eneste sande Gud"), det gør han stedse, fordi han vil give Faderen æren, at han har alting af ham, at han fører og drager os ved sig til Faderen, som man ser alle vegne i Johannes' evangelium. Dog indhyller han sig i det samme guddommelige væsen, magt og kraft, fordi han vil erkendes sådan med Faderen, som den, der giver det evige liv, hvilken magt kun hører den sande Gud til.

Ja disse ord er netop allerkraftigst talt til arianerne og alle kættere, jøder og ukristne, som siger og roser sig af, at de kun tror på én Gud, som har skabt himmel og jord, og som for den artikels skyld fordømmer os kristne som dem, der opfinder en anden Gud. For han vil vise, at de ikke kender den rette, sande Gud, selv om de vel mener det og roser sig deraf. For de finder ham ikke, hvor han er. De véd heller ikke, hvordan han skal erkendes, nemlig at han er den eneste sande Gud, som har sendt Jesus Kristus. Hvilket vil sige: Den, der vil finde den rette, eneste Gud, han må alene søge ham i den Herre Kristus; for der er visselig ellers ingen Gud uden ham, der har sendt Kristus. Den, der nu ikke har Kristus, han må også mangle den rette, sande Gud, skønt han véd og tror, at der kun er én sand Gud, for han tror ikke på den, der har sendt Kristus og giver det evige liv ved ham.

Derfor ligger magten på det ord: "dig", at de kender dig, at du er den eneste sande Gud. Hvilken dig? Du, som har sendt Jesus Kristus. Som ville han sige: Jøderne og andre har også kun én Gud, som de mener, men dig kender de ikke, du, som er den eneste sande Gud, fordi de ikke kender Jesus Kristus, som er udsendt af dig, og derfor danner de sig en Gud efter deres begreb, *som i sandhed ikke er nogen Gud, men det bare intet.* Sådan ser du, at det ord "eneste" ikke er sagt, fordi han i henseende til den guddommelige natur vil adskille sig fra Faderen. Det er også forebygget tilstrækkeligt ved de andre ord. Men netop derfor, at han vil være ét med Faderen over for alle, som danner sig en anden Gud eller søger ham andet steds end i den Herre Kristus.

Der er nu talt nok om, hvordan evangelisten begrunder artiklen om Kristi guddom. Nu må vi tale videre om den kundskab, hvori det evige liv består, hvad det er, og hvad det formår, sådan at vi grundigt kan lære og forstå denne tekst, *som er en af de bedste og ædleste hovedsætninger i Det Nye Testamente.* Vore gamle lærere har udsat at forklare dette og andre ord til det andet liv, som om det slet ikke vedkom os her på jorden, men vi skal netop vide at tage os disse ord til indtægt, disse ord, der er skrevet om troens lærdom, og som hører allermest til dette liv. For det må sandelig begyndes her, kendes og forstås ved troen, hvad vi skal få og eje hisset.

Dette kendskab er altså intet andet end at vide, hvordan man skal forstå Kristus og Faderen, hvorom Peter formaner og skriver i 2 Pet 3, 18: "Voks i nåde og erkendelse af vor Herre og frelser, Jesus Kristus". Det er, som om han ville sige til jer: Lad dette alene være det, I udgransker, og hvorpå I hæfter alle jeres tanker og omsorg, så at I kan lære den mand godt at kende og ikke søge noget andet eller bedre. For det er alene vor visdom og kunst, som kaldes en kristen kunst eller lærdom, og hvad man ellers kan lære uden for den, skal man ikke agte for en kristen lære. Hvis nogen spurgte, hvad de kristne kan og lærer, så skal man intet andet svare end, at de kender Kristus, som er udsendt af Faderen. Den, der ikke kan eller lærer og øver dette, kan ikke rose sig af kristen lærdom, for selv om en kendte alt, hvad der er under solen, hvordan Gud har skabt himlen og jorden, og alle de undergerninger, han i sin tid har gjort, ja selv om han kunne holde De Ti Bud, ja kort sagt om han vidste og formåede så meget som englene, så var han endnu ingen kristen. Her er alt udelukket, hvad man kan prædike eller vide, sige eller gøre om al slags god lære og godt liv, og intet bliver tilbage, der kan gøre en til en kristen uden det, han her siger: At de kender dig og ham, du har udsendt, Jesus Kristus.

Om denne kundskab og dens kraft har de kære profeter talt herligt og profeteret tydeligt i Es 53, 11: "Når han kendes, skal min retfærdige tjener retfærdiggøre de mange." Det vil sige: Han skal forløse dem fra synden og uddrive Djævelen af deres hjerter alene derved, at man kender ham og véd, hvem han er. Ligeledes siger Jeremias i 9, 22-23: "Den vise skal ikke være stolt af sin visdom, den stærke skal ikke være stolt af sin styrke, den rige skal ikke være stolt af sin rigdom. Nej, den, der er stolt, skal være stolt af dette, at han har indsigt og *kender mig*. For jeg, Herren, øver trofasthed, ret og retfærdighed på jorden."

Se dette vil denne tekst også sige, at hvis du vil have det evige liv, så har du ingen anden vej eller middel dertil, end at du kender Faderen, den eneste sande Gud, ved Kristus hans søn, som han har udsendt. Den, som siger noget andet, forfører dig visselig. Derfor har de gjort denne ædle og skønne tekst uret, ja endog berøvet den al sin kraft, derved at de har revet troens lærdom fra den og anset den for en profeti for det kommende liv. Grunden hertil er, at de ikke har forstået, hvad Kristi kundskab er, for de har ikke lært mere, end at man skal leve sådan og sådan for at kaldes from og opnå det evige liv og har således stolet ganske på deres egne gerninger, hvorved de helt har mistet Kristus og vejen til det evige liv. For du må nøje gøre forskel mellem denne kundskab, og hvad man kan nævne uden for den. Kort sagt, hvad der ikke er Kristi kundskab, kan ikke føre til det evige liv eller hjælpe fra synd og død, for ligesom det er sandt, at han alene ved sin kundskab giver det evige liv, så må det også være sandt, at hvad der ikke er denne kundskab bliver død og fordømmelse.

Hvad er det nu at kende Faderen og Kristus? Eller hvori består denne kundskab? Svar: Den består ganske og aldeles i disse ord: "DEN, DU UDSENDTE". Den, som forstår og tror dette, han har visselig det evige liv. Men hvad er det: Den, du udsendte? Gransk dette selv og se, hvorfor Kristus er kommet, og hvad han har udrettet her på jorden. Han er kommet fra Himlen og er blevet et menneske for at *udrette denne gerning, som hans far har befalet ham*, som han straks efter selv siger, at han skal *påtage sig al verdens synder*, dø derfor og *forsone Faderens vrede* og i egen person at overvinde død og djævel og føre os til sig.

Fordi han selv er sendt af Gud, så kan det ikke være en ringe og forgæves ting, men han medfører så udmærket befaling og en opgave så nødvendig og stor, at ingen engel eller helgen, men kun den enbårne søn, har kunnet udrette det. For hvad en sådan person selv skal udrette må visselig gælde og udvirke noget evigt imellem Gud og os. *Derfor ligger hele kernen sammen med det lille ord "udsendt", for det åbenbarer og viser os Gud Faders sind, hjerte og vilje over for os.* Det indbefatter deri alt, hvad Kristus har gjort, prædiket og lidt og bragt eller givet os. Det beviser klart, at dette ord ikke er talt om det kommende liv, fordi det at kende Kristus som udsendt af Faderen, ikke betyder andet end at tro og vide, hvordan han er kommet til jorden, er død for vore synder, er opstået fra de døde, og har givet os syndernes forladelse, hvilket alt sammen hører til dette liv.

Dette skal vi nu øve med flid og vel fatte i hjertet for at opvække og styrke troen, og ikke som hidtil lægge det af vejen eller kaste det helt til side. For deri består visselig vor frelse og trøst i al nød, at vi véd, at der intet andet råd er i Himlen eller på jorden imod synd og alle anfægtelser end denne kundskab eller tro. For tænk du selv, hvad sådan en tro formår eller udvirker. Når jeg véd, at Kristus er sendt af Faderen for min skyld og givet mig, må jo deraf følge, at jeg da frit og glad kan slutte, at han er min nådige og venlige fader og slet ikke længere kender nogen vrede. For ved denne gerning, at han sender sin søn, har han, som nu er sagt, *åbnet os hele sit hjerte og vilje, så man ikke ser andet end overvældende, uudgrundelig kærlighed og barmhjertighed. Men når jeg nu har Faderens hjerte, så har jeg ham helt* med al hans guddommelige magt og kraft. Hvorfor skulle jeg da frygte eller forfærdes? Hvis synd anfægter mig og død, verden og Djævelen vil berøve mig mit mod og bringe mig til fortvivlelse, så véd jeg, at jeg ved Kristus har en nådig og almægtig fader, og at de begge står mig bi og kæmper for mig, så jeg gladelig og trøstig kan byde Djævelen trods med al hans magt, ja spotte og le ad ham.

Se nu, hvor fortræffelig og almægtig en kraft troen er imod al magt, som anfægter os. Ja, forsøg og prøv det, så skal du erfare, hvor stor og svær en kunst denne Kristi kundskab er. For her skal enhver føle med sig selv, hvor lille tro han har, hvor skrøbelig den er og hvor lidt gerningsprædikanterne, der agter troen så ringe, kender dertil, så vel som også de mætte kloge mennesker, der så hastig er udlærte og vil stile så højt.

Det læres let, når man først kommer i denne skole, *hvor det gælder om kamp*, hvor umuligt det er ved hjælp af menneskelige gerninger eller evner at modstå eller overvinde synd, død og andre anfægtelser. Derfor raser Djævelen så grumt mod denne lærdom, fordi han føler og véd dette og ophidser alle sine sværmere, papister og kættere derimod. Selv om de hører meget om troen og prædiker derom, forstår de dog aldrig noget deraf, men lærer kun om deres egne gerningers fromhed, som de forstår og evner.

Nu er det sandt, som jeg stedse har lært, at Gud vil have fromme folk, med en smuk ydre livsførelse, hellige og ustraffelige for verden, men det skal og kan ikke gøre nogen til kristen for Gud og tilvejebringe det evige liv. Til den ære lader vi intet menneskeligt liv eller hellighed strække til, men det skal svæve højt og vidt over alle gerninger og over et nok så skønt herligt liv. Lad vore gerninger og livsførelse blive her nede under den jordiske styrelse og kaldes jordisk fromhed, som Gud også kræver af os, og som han i troen vil belønne her og hisset.

Men det vi her taler om er en himmelsk og guddommelig fromhed, som bringer et evigt liv. Den består ikke i menneskelig evne og forgængelige gerninger, men har en anden evig grund, med hvilken den også må blive evig. *Derfor elsker jeg dette ord, fordi det så rent og fuldstændigt udelukker alle gerninger og lader dem blive hernede på jorden og kun værdsætter kundskaben.* For hvad er kundskab for en gerning? Det er jo hverken at faste, våge, spæge sig eller, hvad man kan gøre eller lide med legemet, men det ligger indvendig i hjertets dybeste grund. *Kort sagt, kundskab er ikke vor gerning, men det, som Kristus har gjort og går forud for alle vore gerninger.* Men efter og ud af kundskaben følger gerninger. *For gerninger er det, vi gør, men kundskab er det, vi får og modtager.* Sådan er som ved et mægtigt tordenslag, ved dette lille ord "kende", al lærdom slået ned, som er grundet på menneskelige gerninger, gejstlige ordener og gudstjeneste, som om man derved kunne blive løst fra synden, forsone Gud og erhverve nåde.

Men læg mærke til og glem ikke, at jeg ovenfor har vist, hvordan Kristus i dette ord sammenfletter og sammenbinder sin og Faderens kundskab, så at man alene i og ved Kristus kender Faderen. For det har jeg ofte sagt og siger det endnu stadig, at man også, når jeg er død, kan tænke derpå og vogte sig for alle de lærere, som Djævelen rider og fører. De begynder ovenfra, fra det højeste at lære og prædike om Gud alene og adskilt fra Kristus, som man hidtil på universiteterne har grublet og spillet med hans gerninger deroppe i Himlen, hvad han er, tænker og handler hos sig selv. Men vil du fare sikkert og ret finde og fatte Gud, så at du finder nåde og hjælp hos ham, da lad dig ikke overtale til at søge ham andetsteds end i den herre Kristus. Gør dig heller ikke andre tanker og bekymre dig ikke eller spørg efter en anden gerning end den, at han har sendt Kristus. Begynd din kunst og studering på Kristus og lad den også blive og klynge sig dertil. Og hvor dine egne tanker og fornuft eller nogen anden fører og viser dig anderledes, så luk kun øjnene i og sig: Jeg skal og vil ikke vide af nogen anden Gud end i min herre Kristus.

Se ham her i øjnene, hvordan han viser sig på det allerklareste og yndigste i disse Kristi ord: At de kender dig og ham, du udsendte, Jesus Kristus. Hermed inddrager han ganske og aldeles Faderen i sig, så ingen kan gribe den sande Gud uden i det ord, han taler. For hvor skulle han ellers komme til dig eller du til ham, så du kunne fatte og gribe ham? *Du må jo hæfte alle sanser ved den mund*, til hvem han viser dig, og se, hvordan han fører dig ved ordet og virker alt i dig.

Ingen tror, hvor nødvendigt et stykke og hvor stor kunst det er, så også mange høje og udmærkede folk har syndet heri, og endnu er det skjult for alle højlærde, så de ikke véd, hvordan de skal fæste deres sind og tanker ved *det menneske Kristus*, så de alene ser på ham og på, hvad han taler og udfører, *som Guds ord og gerning deroppe i Himlen.* Det kommer af, at de ikke giver agt på dette ord: "Ham, du har udsendt". Hvis de så og troede det rigtigt, ville de vende øren, øjne og hjerte hid og sige: Se, er han sendt fra Faderen, så må han sandelig udrette noget og have noget at sige os om Faderens vilje og befaling, *så vi skal høre ham som majestæten selv.* Nu hører vi intet andet ord, end at han skal hjælpe verden og gøre Faderen til vores ven. Vi ser heller ingen anden gerning, end at han går og udretter dette: Prædiker, lider og til sidst dør på korset. *Se, her står Faderens hjerte, vilje og gerning åben for mig, og jeg kender ham fuldstændig.* Det kan ingen ellers nogen sinde se eller nå, hvor højt han end stiger og grubler med egne kloge og skarpsindige tanker.

Med det for øje er det også nu let at dømme, hvilken elendig jammer, ja hvor forbandet en vederstyggelighed pavens og munkenes lærdom er, når de uforskammet skriger, at Kristus ikke har lært og talt, gjort og udrettet alle ting, men har undladt meget, der skal læres, bydes, forordnes og gøres. Dette er direkte i modstrid med dette ord. Som ville de sige: Du må ikke alene se på ham, som er udsendt af Gud, men også på os, som dem, der er givet og befalet at gøre og lære meget mere, end han har befalet. Kristus siger, at det evige liv består i at kende ham. De siger, at det ikke er nok dermed. Der hører langt mere til. Man må høre kirkemøderne, følge de hellige fædres lære, liv og eksempel, osv.

Da er det på høje tid, at alle fromme kristne udtaler sig og siger: Kære herrer, vi vil gerne høre, hvad I siger, befaler eller gør, men ikke agte det højere, end når pigen fejer huset eller koen giver mælk. Den gerning lader vi stå ved sit værd, men at det skulle virke så meget som Kristi ord, så at jeg skulle blive salig derved, hvis jeg hørte det og levede derefter, det benægter vi. Teksten her siger ikke, at det er det evige liv, når I lever sådan og gør, som der er befalet, men at man kender Kristus, som er udsendt fra Faderen. Han vil ikke, at det evige liv er, at man skal se på Moses, Johannes Døberen eller andre, som dog også er udsendt og har haft store befalinger og udrettet meget, men ingen uden Kristus alene er sendt dertil, at han ved sin kundskab kan bringe og give det evige liv.

Se, dette er det, som vi har imod pavens lærdom, at han har berøvet os dette og ikke vil lade os have denne kundskab ubesmittet. *Ellers ville jeg aldrig have angrebet ham med et eneste ord.* For vi vil gerne tillade, at de beslutter og befaler og oven i købet sige, at det er vel gjort. Ja, vi vil også selv gerne hjælpe til at gøre det. Kun én ting må de lade os have fri, at man ikke holder for, at dette skal tjene til det evige liv eller befordre det, for det er Kristi ære for nær. Det er at benægte hans ord og træde det under fod.

Men langt klarere viser dette ord, hvilke usalige og fortvivlede slyngler det er, der roser og praler med deres orden og gejstlige stand og deres fuldkomne gerninger, langt mere end enhver anden kristen livsførelse og stand. Det er ikke et menneskes, men den lede Satan fra Helvedes ord og lære og en af de bespottelser, for hvis skyld alle klostre bør forbandes som Djævelens Helvedsgab. Hvordan skal vi komme dertil, at dit af dig selv udvalgte liv og gerning skal være mere fuldkomment og saligere end Kristi, Guds søns, liv og gerning? Han vil sandelig nok stå med sin hellighed over alle kartheusere, ja alle helgenes gerning, om de end alle deres livs dage fastede på vand og brød, ja ikke sov nogen nat mere end én time, ja om de hver time opvakte ti døde. Kort sagt, hvilket helligt liv du end kan prise, rose dig af og opnå, så kan det dog ikke sammenlignes med det almindelige kristne liv. Ja, det er end ikke værd at være den herre Kristi fodstykke.

Derfor må man aflægge den gamle lære og tanke og træde den under fod, den, ved hvilken man har gjort en sådan forskel på kristendommen og inddelt den i så mange slags stænder og gerninger. I verden og under jordisk styrelse må det være ulige, sådan at én stand og gerning er bedre end en anden, men det kristne liv og stand er så højt ovenover dette, så at alt det andet bliver ligeså dybt derunder som jorden under himlen. Intet på jorden kan sammenlignes dermed, for den skat er så stor og så høj, at man ved mennesket Kristus tillige skal forstå Gud fader og det evige liv, så intet menneskehjerte kan fatte det.

Derfor er det også så vanskeligt, at hele verden støder an derimod, ja enhver tænker på andre ting, som fornuften kan satte og begribe. For det bliver dog stedse fremmed og uforståeligt for den, så at den ikke anser det for noget stort eller blot for sandt, så den kan stole på det, fordi den ikke kan tage at føle derpå. Den vil stedse have noget at lægge til grund, som den kan finde hos sig selv eller regne for sit eget og sige: Så meget har jeg gjort og arbejdet osv., og den håber, at det dog skal være noget værd. Således læser man også om gamle hellige fædre som f.eks. eremitten Hilarius, som da han skulle dø, udtalte et ondt ord: "Min kære sjæl, sagde han, hvorfor frygter du for at dø? Har du ikke tjent Herren i 70 år, og så frygter du dog nu for døden?" Hvis han er død i den tro, som disse ord viser, så er han ikke gået salig bort, for det er ikke at tro på Kristus, som er udsendt af Faderen, hvorved han har givet os det evige liv, men på sin egen gerning og store gudstjenester. Det er naturens vanart, at den med en sådan urenhed smitter al god livsførelse og gerning, som ellers var Gud velbehagelig. Derved fortabes Kristus og det evige liv.

Jeg siger dette, for at ingen skal lade sig forføre, skønt Hieronymus, som selv stak dybt i sådan urenhed, hæver det højt, så det synes så udmærket, at det endog falder svært for de højt oplyste kristne at bevare sig rene derfor. Dog håber jeg for denne gamle fader, at et andet lys og syn på troen er oprundet for ham i sidste øjeblik. På disse ord tør og vil jeg ikke dø eller gå bort med ham. For hvis man havde spurgt ham: Kære fader, hvorfor spiser du i så mange år kun nødder og urter i skovene og ligger på den bare, hårde jord? Mener du da, at Gud derfor vil give dig det evige liv og en særlig krone i Himlen? Så kunne han ikke nægte det, men måtte sige: Ja, sandelig håber jeg, at dette ikke skal være gjort forgæves, hvorfor har jeg ellers tilbragt hele mit liv med svært og surt arbejde i ørkenen?

Se, hvor bliver imidlertid Kristus med hans gerninger og fortjeneste af? Så hører jeg, at det intet gælder, men at alt, hvad han har gjort, har været unyttigt for os for at erhverve og skænke os det evige liv, siden han først på ny må lade det aftjene ved vore gerninger. Derfor er sådanne legender og fædres eksempler rene rageknive, ja den skadeligste gift på jorden mod troen og Kristi kundskab, fordi enhver ellers af naturen er befængt med denne urenhed, som de ikke kan blive af med, men må lade blive hængende. Indtil nu er al verden faldet derpå og er gennemtrængt deraf, så at endog mange mennesker har måttet fortvivle, når de ikke har gjort eller har kunnet gøre dette.

Deraf ser du, hvor nødvendigt det er, rigtigt at føre dette ord frem og indskærpe det *som vor lærdoms rette grund og hovedstykke for, hvordan man bliver kristen og opnår det evige liv* og ikke tager fejl. For det er, det siger jeg endnu, en høj og sælsom sag, ja helt svært, at beholde sådan kundskab ren og ganske at stole og forlade sig derpå. Vi har det, Gud ske lov, i ord og lære, men endnu lidt og svagt i hjertet. Andre som papisterne og sværmerne, har desværre også tabt ordet og forståelsen og gør det onde med egne tanker at føre både sig selv og andre derfra. Altså har du dette dyrebare, gyldne ord, som stadfæster artiklen om Jesus Kristus, i sandhed Guds søn, og desuden viser frugten og nytten af samme artikel, at vi véd, hvad vi har i ham, og ved ham kan lære rigtigt at finde og komme til Gud, glade og med fuld tillid kan stole på ham, hvilket ingen anden lærdom på jorden nogensinde har lært.

v4 Jeg har herliggjort dig på jorden ved at fuldbyrde den gerning, som du har givet mig at gøre.

Her har vi nu tre slags herliggørelser. Ovenfor har han bedt, at Faderen ville herliggøre ham, så at han ved hans herlighed eller forklarelse igen kunne herliggøres. Det er to. Nu siger han her, at han allerede har herliggjort Faderen og beder igen, at Faderen også vil herliggøre ham hos sig selv, osv. Men hvad der forstås ved de to andre herliggørelser, er der sagt nok om. Det gør også denne tekst tydelig og let. Da den Herre Kristus gik på jorden, herliggjorde han Faderen sådan, at han gjorde hans pris, lov og ære stor og herlig, som man alle vegne ser i evangeliet, at han stedse prædiker og roser, hvordan han er udsendt af Faderen. Ja, alle hans ord og gerninger, hvad han lever, udretter, har og formår, henviser han til Faderen og tilegner ham, hvilket snart også er et kristenmenneskes hele liv og væsen, så vel som Kristi egen, at han alene lever Gud til lov og ære, erkender og udråber hans nåde og velgerning.

Denne gerning og forherligelse er nu udrettet, vil han sige, derfor herliggør mig nu igen. Det lyder netop, som han ville sige som før: Skal jeg fremføre din herlighed, ære og pris, så må jeg komme i mørke og skam. Fordi han prædikede, gjorde Faderens vilje og undergerninger, ja levede sådan, at han behagede Gud, så var verden ham fjendsk og kunne ikke lide ham, derfor måtte han for hans skyld fordunkles, undertrykkes og fordømmes til den forsmædeligste død. Sådan fuldendte han den gerning, som var givet ham. Fordi han nu føler og véd, at han for Faderens pris' skyld må miste al sin ære og herlighed, så beder han, at Faderen ikke vil lade ham blive i mørket, men føre ham frem af skam og død til ære og lys, det vil sige: gøre ham til herre og konge. Så skal da det tredje følge, hvorom han i begyndelsen har bedt, at han også fremdeles skal herliggøre ham i sine kristne over hele verden, at hans ære og pris kan blive større, end før han døde.

Se, sådan følger de alle tre efter hinanden. Først at han herliggør Faderen i livet, men går til grunde for den herlige prædikens skyld, så Faderen igen må herliggøre ham, for at han videre kan udbrede hans herlighed og gøre den langt herligere ved sit rige og evangelium. For var Kristus ikke blevet herliggjort, som før sagt, så var Faderens herlighed heller ikke kommet videre, men var gået under med Kristus. Kort sagt, de er indesluttede og flettede ind i hinanden, nemlig Faderens og den herre Kristi herlighed, så at når Faderen herliggør Kristus, herliggør han sig selv, og når Kristus herliggøres, så herliggør han Faderen. Ja, begge er én udelelig herlighed, så sønnen må herliggøres af Faderen, Faderen i og ved sønnen.

Som nu Kristus, vort hoved, beder, sådan må også vi, som hænger ved ham, bede, at han vil herliggøre sig i os, for som det er gået ham på jorden, sådan må det gå os alle, at vi for hans skyld – fordi vi herliggør ham, lover og priser ham i vor lære og vort liv – lader os beskæmme, fordømme, forbande og ombringe, så at også hans hellige navn og ord forfølges og bespottes for vor skyld. Men for at han kan blive i ære og holde sit ord imod spotterne, så må han hjælpe os her igen og vende hjulet, så verden får uret og med største skam fordømmes, men vi kommer til største ære og herlighed. Så kommer hans ære og pris rigtig frem og fremmes stadigt ved Helligånden og de kristnes mund i verden. Det kaldes nu den gerning, som Faderen har givet ham at fuldføre, at han, Faderen til ære, skal påtage sig al skam og spot, lidelse og død, og alt dette for vor skyld, at vi skal forløses og have det evige liv. Om dette er der talt nok ovenfor.

v5 Fader, herliggør mig nu hos dig med den herlighed, jeg havde hos dig, før verden var til.

Dette er atter en tydelig og klar tekst om Kristi guddom imod arianerne, skønt disse har understået sig til at bore et hul derigennem. Han siger jo klart og tydeligt, at han har haft herlighed og været i ét herligt væsen med Faderen, før verden blev skabt. Hvad det er, det kan de troende nok dømme om, for før verden var, har jo intet kunnet være uden Gud alene, fordi der ingen mellemting er mellem Gud og verden. Det må enten være skaberen selv eller en skabning.

Se, så enfoldig og jævnt kan Helligåndens mund tale, og det om så høj og fortræffelig en ting, som intet menneske kender. For hvad er det andet, end en anden med mange ord måtte sige: Herliggør mig, kære fader. Jeg som er din enbårne søn fra evighed. Er Gud med dig i ét væsen og herlighed, osv. Dette siger han nu og indbefatter det i bønnen for at vise, hvordan eller på hvad måde han vil herliggøres, det vil sige: åbenbares, prædikes og tros, nemlig, at han er den, som har haft sin herlighed fra evighed, at han er sand Gud, Faderens naturlige søn.

Men denne dejlige tekst har kætterne også fordunklet og forvendt, som de fordrejer hele Skriften. For den kommende tids skyld, hvis de skulle komme frem igen, for hvilket Gud bevare os, så har jeg formanet og formaner endnu, at man skal læse dette evangelium godt og lære at bygge sin grund fast derpå. For sådanne ord vil de fordreje med listigt greb og sige, som de før har sagt: Det er sandt, at Kristus har haft sin herlighed, før verden blev til, men deraf følger endnu ikke, at han må være en evig, naturlig Gud, for han har vel kunnet være en højere og ædlere skabning over og før alle ting, før verden er skabt, sådan at han er en mellemting imellem Gud og alle andre skabte ting. For da de så, at de ikke kunne komme uden om sådanne klare ord, så måtte de finde på sådan en tanke, at Kristus var den herligste skabning, langt højere og bedre end alle engle og skabt før alle andre skabninger. Således må man dreje Skriften en knap, så at den kan lade sig tilpasse efter vore tanker, og ser ikke, at det kun er opdigtede tanker. Sådan skal det også gå dem, der med deres fornuft falder over de høje artikler og vil mestre Skriften.

Men som vi før har kæmpet og stridt for denne artikel, at Kristus må være sand Gud, fordi han alene har magt til at give det evige liv, og at samme alene fås ved hans kundskab, så holder vi også fast ved dette klare ord og lader os ikke fratage eller fordreje ét ord deraf, eller lader nogen mellemting optænke og opdigte imellem Gud og verden, da det i sandhed er umuligt, at noget sådant kan gives. For det står fast, at fordi Kristus har haft sin herlighed, før verden var, kan han ikke være nogen skabning, for ved verden vil han have forstået alt det, som er skabt eller kaldes skabning og ikke er evigt, men har en begyndelse, som Moses vidner i Første Mosebog: "I begyndelsen skabte Gud himlen og jorden". Derfor kan det ikke passe, at Kristus skulle være før og uden for verden eller tiden og dog være en skabt ting

Sådan siger Kristus også tydeligt: Den klarhed eller herlighed, som jeg havde "hos dig", ikke i eller hos skabningerne, fordi han intet sted har været undtagen hos Faderen, og så må han have været i guddommen. En konge eller fyrste har vel også en herlighed, men i eller ved sit folk, for andetsteds kan det ikke være. Men denne herlighed må være helt i Gud, uden for alle skabninger. Skal det imidlertid være en herlighed hos eller i Gud, så må den jo være netop den samme som hans og i ét udelt væsen. Således at der i dette ord "hos dig", indbefattes tillige både naturens endrægtighed og forskellen imellem personerne i guddommen.

Således er nu indholdet af denne bøn: Kære fader, jeg har nu udrettet mit i verden, hvortil du har sendt mig, nu går jeg under for din æres skyld. Jeg må lade mig undertrykke og fordømme som det mest fortvivlede menneske, verden har båret. Herliggør du mig derfor igen, at verden må høre og sige, at jeg er din søn fra evighed. For hvis Faderen ikke selv havde gjort det, da havde intet menneske kendt eller erfaret hans herlighed. For i hvilket menneskehjerte ville det nogensinde opstå eller blive troet, at den korsfæstede Kristus, som var fornedret under alle mennesker, skulle være sand og almægtig Gud? Men nu er denne bøn bønhørt og udbredt sådan, at man tror og ærer Kristus som et sandt menneske født af Jomfruen og tillige som den sande Guds søn, som har været i Faderens herlighed fra evighed, men nu ved evangeliet har åbenbaret Faderen og bragt folket sin kundskab.

v6 Jeg har åbenbaret dit navn for de mennesker, som du har givet mig fra verden,

Her udlægger han selv, hvad det er at herliggøre Faderen og fuldkomme hans gerning, og viser, hvordan og hvorfor det er sket, at det ikke er andet, end hvad der er sagt: Jeg har åbenbaret dit navn for de mennesker, som du har givet mig. For at herliggøre Faderen er at åbenbare hans navn, sådan at han prædiker om ham og afmaler ham i vore hjerter, hvordan han er en kærlig fader, der tager imod os i sin nåde, forlader os alle synder, frier os fra død og djævel, hjælper og værner os i al nød, uanset person, gerning eller fortjeneste, af idel faderlig godhed på grund af Kristus, hans kære søn osv.

Den, der nu priser og roser, prædiker, tror og bekender dette, han herliggør Faderen, forklarer og åbenbarer hans navn, så at man ved, hvad man skal kalde ham, holde og agte ham for, for det er det rette navn, hvorpå man kender ham, derved at man kan *se hans hjerte, vilje og gerning,* som er skjult for al verden. For den, der ikke har denne tro og bekendelse, de kender ham ikke, om de end hører meget tale om Gud som jøderne, der roste sig af alene at være Guds folk og tjenere, og dog holdt de ham ikke for andet end en sådan person, der fandt behag i deres hellighed, love, ofringer og herlige gudstjeneste og derfor var dem nådig ligesom også vore munke og gejstlige afmaler og agter ham i deres gudstjeneste, som den, der finder behag i deres kapper, fasten og strenge liv, messen og andre skønne gerninger og giver Himlen derfor.

For det er alle mennesker på jorden medfødt, at når man hører om Gud, da danner enhver sig sit eget billede og tanke, hvormed han vil tillægge Gud en skikkelse og farve, hvordan han er, hvad han tænker og har i sinde, ja hvordan man skal tjene ham. Og dog kan ingen fornuft nå højere, når den gør sit bedste, end at man må tjene ham med gerninger og gøre så meget, at han har behag deri og giver derfor, hvad man begærer, og på den måde er alt afguderi blevet til. *Men hvis man ret vil kende ham, så må Kristus komme med sit ord og åbenbare ham, vor fornuft og vore tanker gør det ikke.* For hvem har nogen sinde tænkt eller fundet på, at Guds søn selv måtte komme fra Himlen, blive menneske, dø på korset for vore synder, ja *erhverve os Guds nåde og venskab* uden vor gerning og hjælp? Kort sagt: Kristus alene skal være den mand, og skal også beholde den titel og ros, at han herliggør og åbenbarer faderen.

Men han føjer dertil: ”For dem, som du har givet mig.” For som ingen åbenbarer eller prædiker det som han, sådan kan ingen forstå eller antage samme åbenbaring uden de, som tror på ham. De andre foragter og bespotter dette, for det går imod deres visdom, hellighed og alt, hvad de agter højt. Dette er alt sammen sagt for vor skyld, som har den herre Kristi ord og tror derpå. Ja, det er en god og trøsterig tekst for alle bange samvittigheder, særlig for de, der er bekymret og meget anfægtet med hensyn til den dybe anfægtelse, om de er forudbestemt.

Vil nogen vide, om han er udvalgt eller hvordan det står til mellem Gud og ham, da må han agte på Kristi mund i disse og lignende ord, for skønt man ikke med sikkerhed kan tale om, hvem der fremtidig bliver eller til det sidste forbliver, så er det dog visselig sandt, at de, der er kaldet og hører denne åbenbaringen, dvs. Kristi ord, og med alvor tager imod det og tror det helt, det er dem, der er givet Kristus af Faderen. Og dem, som er givet ham, vil han opholde og bevare, så de ikke fortabes. Sådan som han siger i Joh 6, 39: ”Min faders vilje er, at jeg ikke skal miste noget af alt det, han har givet mig, men oprejse det på den yderste dag." I nærværende kapitel siger han senere i v. 12: "Jeg holdt dem fast ved dit navn, og jeg vogtede dem, og ingen af dem gik fortabt, undtagen fortabelsens søn". Ligeledes siger han i Joh 10, 28 om fårene, som hører hans røst: "Jeg giver dem evigt liv, og de skal aldrig i evighed gå fortabt, og ingen skal rive dem ud af min hånd."

For du skal visselig tro, at der ikke findes nogen højere nåde og guddommelig gerning, end når nogen kommer så vidt, at han gerne af hjertet hører Kristi ord og holder det for stort og dyrebart. Dette er slet ikke enhvers sag, og der hører mere til end menneskeforstand og valg, fornuft og fri vilje for at forstå og modtage det. Som Kristus siger i Joh 6, 44: "Ingen kan komme til mig, hvis ikke Faderen, som har sendt mig, drager ham." Og atter i v. 45: "Enhver, som har hørt og lært af Faderen, kommer til mig." Skønt disse ord lyder hårdt over for de falske kristne, så er de dog kærlige og trøsterige for de fromme hjerter, der elsker hans ord, når man ser Kristi hjerte og mening, hvorfra de kommer. Han vil vise, at det ikke kommer af menneskelig vilje og forsæt, for derved kan man ikke holde fast ved Kristus eller blive hans discipel. Det er Guds gerning og kraft. Dette bevises bedst, når man ser, hvor få, der er i verden, der elsker og ærer Kristi ord, især hvor stor magt, visdom og hellighed råder. Der er ingen mere foragtet eller forbandet ting på jorden end det kære evangelium. Det kan den kloge verden så mesterlig dadle, bespotte og udle, smæde, laste og forfølge. Kort sagt: Der er ingen dårskab, ingen udyd, ingen vildfarelse, ingen djævel, man er så fjendsk som Kristus. Man kan tåle, fortie og besmykke al slags sværmeri, gudsbespottelse, offentlig skam og udyd, men Kristus må påtage sig og bære alting. Over ham må enhver udøse sin giftige og umættelige vrede og had. Lad det derfor ikke være noget ringe, men en vis og sikker trøst, når du føler, at du elsker Kristus og hans ord og af hjertet begærer at blive derved. Så at du er med i den lille flok, som hører Kristus til og ikke skal fortabes.

Men hvis du bliver anfægtet af sådanne tanker: Skønt jeg elsker Kristus og gerne hører ham, så ville jeg dog gerne vide, hvordan jeg står over for Faderen i Himlen, da vil han rydde dette af vejen og sige: Du nar, kan du da ikke forstå, at mit ord eller åbenbaring ikke kunne behage dig, hvis det ikke var givet dig af Faderen. Hører du ikke, at det er hans egen gerning og nåde? For han har antaget dig, før verden blev til, og givet mig dig. Det vil sige, han har gjort det sådan i dit hjerte, at du gerne hører mig, elsker og ærer mit ord. Her har du alt, hvad du vil søge og vide. Pas kun på, du ikke falder fra. Kort sagt: Den, der tror på Kristus, han har idel nåde, og kan ikke fortabes, selv om han også falder af skrøbelighed, som f.eks. Peter. Blot han ikke foragter ordet ligesom sværmerne, der roser sig af evangeliet og dog ikke tror derpå. For ingen kan tage imod denne trøst uden de stakkels elendige og anfægtede hjerter, som gerne vil være venner med Gud og elske Kristus, og som ikke gerne vil gøre imod hans ord, hvorimod det gør dem ondt, når man bespotter og forfølger det.

Se, sådan vil han bestandig drage os derop ved sig selv, vise os Faderens hjerte og forklare os det på det allerkærligste, så at vi ikke skal frygte for ham, men have tillid til ham og gerne betro os til ham. Ja, vi skal derfor have det ord så meget kærere, for ingen tror det, heller ikke jeg, hvor skurkagtig Djævelen er, til at forføre de bedste mennesker med sine spidsfindige tanker og indskydelser, hvorved han vil *adskille den herre Kristus fra Faderen*, så at man uden Kristus ser og leder efter Faderen eller anser Kristus som blot et menneske; der er visselig ikke nogen sværere ting på jorden at tro, end at det menneske Kristus er Guds sande søn.

Grunden er denne, at hvis vi troede det, så havde vi allerede vundet spillet, for så ville vi tænke: Hvad Kristus taler, byder og befaler mig, som når han kalder, trøster og styrker mig, bærer og forlader mig mine synder osv., *det gør Faderen selv* som den samme eneste Gud. Hvad kan djævel og død med al ulykke da skade mig? Men dette kan fornuften ikke fatte. Så hjælper og blæser Djævelen til, så man blot tegner en streg og *laver en adskillelse mellem Gud og Kristus* med to slags tanker, *så man søger Kristus på korset, men Gud højt oppe i Himlen.* Man bekymrer sig sådan: Hvem véd, hvad han tænker deroppe eller har i sinde med mig?

Når sådanne tanker indtager hjertet, kan det ikke blive eller bestå. Personen, Gud og menneske, er allerede adskilt og sønderrevet. På korset eller i moderens skød ser man intet andet end et menneske, hos hvem der ingen vrede eller skræk er, men lutter venlighed og hjertelig kærlighed til at hjælpe os. Men lader du dette syn fare og flyver op til majestæten, så må du støde imod, forskrækkes og falde tilbage, *fordi du selv træder uden for nådesynet og stirrer på den blotte majestæt*, som er dig for højt og svært. For uden for Kristus kan naturen ingen nåde og kærlighed se i Gud eller få. *Uden for Kristus er der heller ikke andet end idel vrede og fordømmelse.* Se, det kalder jeg at skille Faderen og Kristus fra hinanden, eller at dele og adskille menneskers og Guds søn (dvs. den ene person). Og det er en rigtig ondskabsfuld list fra den værste djævel. De andre er endnu kun grove og skurkagtige djævle som Sabellius, Manichæus og andre kættere, som lærer, at man ikke skal tro, at Gud er et menneske, eller at et menneske kan være en sand Gud. Alt dette er endnu kun *spekulationer*, blotte tanker, og spidsfindig klogskab, hvorom man disputerer på universiteterne, men når det får *virkning* og bliver alvor, og kommer dertil, hvor troen står, og at hjertet skal stole derpå imod anfægtelse, da kommer det til kamp.

I denne anfægtelse var Filip også i Joh 14, 8, da han sagde: "Herre, vis os Faderen, og det er nok for os". Som ville han sige: Du siger os så meget om Faderen. Dig ser, hører og kender vi. Men hvornår skal det ske, at vi også engang må se Faderen? Se de store apostle, som så længe har hørt Kristus og daglig været hos ham, i dem stikker endnu det kødelige sind, at *de søger Gud uden for Kristus og skiller ham fra Faderen.* Derfor straffer Kristus ham også og drager ham tilbage til sig og siger: "Den, der har set mig, har set Faderen; hvordan kan du så sige: Vis os Faderen? Tror du ikke, at jeg er i Faderen, og Faderen er i mig?" Men det kan ingen fornuft udgrunde.

Derfor skal vi ret afbilde og indprente dette ord i os, ja vænne os til sådan at *anse og høre den herre Kristus, som at vi visselig ser og hører Faderen.* Således skal aldeles indvikle og skjule os i ham. Ja krybe ind i samme svøb, hæfte og binde os med ham ved samme korsets træ og ikke lade os lokke herfra til at fare til den blotte majestæt. Så Djævelen ikke skal overile og snappe os, da han især lurer efter, at han på den finest måde kan skjule Kristi guddom i kødet for os (som Johannes kalder det i 1 Joh 4, 2) så han kan skille Gud og menneske i Kristus fra hinanden.

Dette må jeg derfor formane og gøre opmærksom på, fordi nogle vildfarende ånder forføre sig selv og andre med deres tanker og holder stærkt på dette ord: Kødet gavner intet. Hvor ånden alene må handle med Gud, og Kristus efter kødet selv er unyttig. Det kaldes egentlig at skjule Kristi menneskelige natur og rive den fra guddommen som et unyttigt kød og blod. Ja, det er at dele den ene udelelige Kristi person. For hvad er det andet end at gøre to personer af Kristus, fordi de søger Gud uden for kødet og siger offentligt, at alene mennesket har lidt for os, og at hans kød intet nytter os. Og selv om de lader det gælde og nytte til, at han er død for os, så skal man dog nu, efter at dette er sket, og Kristus er opfaret til Himlen, ikke mere hænge ved kødet, men svinge sig højere op, og i ånden fare op til Faderen osv. Da de nu sådan bortkaster mennesket og agter det for unyttigt, så må det ske for dem, at de også tager fejl af guddommen. For som ofte nok sagt: Den, som herefter vil søge og finde Gud andetsteds end i Kristus, han finder og træffer ikke Gud, men Djævelen selv i Guds sted. For her hører du, hvor han ganske og aldeles giver sig hen, da han siger: Jeg har åbenbaret dit navn for dem, som du har givet mig. Og så straks videre: De var dine, og du har givet mig dem osv. Her hører du, hvordan Faderen binder os til sønnen i kød og blod, som den der alene er åbenbaret og forklaret i os ved sin mundtlige prædiken, at vi skal vide, hvor og hvordan vi skal finde og træffe ham.

Fordi han nu har givet os Kristus som den, vi skal hænge ved og kun se og høre på hans mund, så må vi ikke sådan bortkaste kød og blod, men krybe derind og skjule os deri som det sted, hvor Faderen vil have os placeret, ja selv vil lade sig finde. Så vi med ham kan komme til Faderen og blive, hvor han bliver, som de, der nu er taget fra verden og ikke skal blive med den under Djævelens magt og ikke fortabes med den. Derfor skal enhver takke Gud den himmelske fader, at han er nået dertil og er blevet værdig at høre Kristus og have behag i hans ord. Ja, han skal stole gladelig og vist på, at Gud ikke vil lade ham omkomme, fordi han har givet ham sin kære søn i eje og ved ham har overøst ham med sin nåde.

v6 De var dine, og du gav dem til mig.
Dette taler han endnu mere til trøst og styrke for vor svage tro. For at han bruger så mange ord, det gør han ikke alene for, at denne bøn skal udrette des mere hos Faderen. Han véd det allerede i forvejen. Desuden må alt, hvad Kristus beder og begærer, ske og gå i opfyldelse. Men han gør det også, for at han kan gøre vort hjerte trøstigt, som stadigt frygter, flygter og forskrækkes for Gud, så det glad og frimodig kan se på ham og løbe til ham med al tillid og leve for ham. For intet menneske på jorden formår at undlade at forfærdes for Gud, når han tænker rigtigt på ham. Ja, man bliver så bange, så man helst løb ud af verden. Så snart man hører Guds navn nævne, bliver man både angst og bange.

Jeg taler ikke om de rå og ryggesløse mennesker, men kun om dem, der virkelig føler deres synder (for det er kun dem, vi prædiker for). Her er samvittigheden vakt. De véd virkelig, at Gud er syndernes fjende og fordømmer og at de ikke kan undgå eller flygte for Guds vrede. Derfor må de ryste og bæve og forsage, blegne og stivne som for lynild og torden. Derfor må Kristus gribe ind med magt og indgive dem så herlige og trøsterige ord i hjertet, så de tunge, bitre og frygtelige tanker derved kan borttages, så Faderen kan blive skildret så smukt, som noget hjerte kan ønske. Lad os derfor forstå disse ord godt og holde dem fast i hjertet som vore sjæles frelse og trøst.

De var dine, siger han, det vil sige de, der hører Ordet, åbner hjertet og ørene og lader åbenbaringen lyde for sig, de hører ikke verden, men mig til. Og da dette er vist, at så er de også mine. Jeg er deres herre og frelser, så der er visselig heller ikke nogen tvivl om, at de jo er dine. Ja, de er ikke alene dine nu, men har været det lige fra begyndelsen og er kommet til mig på grund af dig. Sådan er al vrede med ét ord borttaget, og alt hvad skrækkeligt, man kan tænke i Himlen og på jorden, og en stor Himmel fuld af nåde og velsignelse er åbnet for dig. Hvis du nu bliver i Kristus, så er du visselig blandt den flok, som Gud fra begyndelsen har udvalgt til at vare sine egne, ellers kommer de heller ikke hertil og hørte eller modtog denne åbenbaring.

Sådan er den store anfægtelse og strid om *den hemmelige udvælgelse* straks borte, hvormed nogle har plaget og ængstet sig så stærkt, at de var ved at blive afsindige. Og dog har de ikke udrettet andet end givet Djævelen plads i deres hjerter, så at han ved fortvivlelse kan føre dem til helvede. *For det skal du vide, at alle sådanne indskydelser og overvejelser om udvælgelsen visselig er af Djævelen.* For hvad Skriften siger derom er ikke skrevet for at bekymre og forskrække de stakkels anfægtede sjæle, som føler deres synder og gerne vil befries for dem, *men meget mere for at trøste dem.* Lad derfor dem bekymre sig dermed, som ikke vil have evangeliet eller høre Kristus. Men du må vide, at der ikke er nogen større trøst på jorden end den, han her selv viser og giver dig, nemlig at du er Guds egen og hans kære barn, fordi du holder af hans ord og har hengivet dit hjerte til ham. *For når Kristus er kærlig og god imod dig og trøster dig, så trøster Gud Fader dig selv.* Derfor har du ingen vred Gud, men idel faderlig kærlighed og nåde, der er bevist ved denne gerning, at han har skænket dig den herre Kristus. Bliv derved og *lad dig intet andet indbilde* end det, han viser og åbenbarer dig gennem Kristi ord. For han har netop åbenbaret sig derfor, at du ikke behøver at søge eller bekymre dig om noget andet, hvad han må have besluttet for dig. *Du skal netop i ordet se og kende al hans vilje og hvad der angår din salighed.*

v6 Du gav mig dem, og de har holdt dit ord.

Her samler han begge dele, nemlig at de er Faderens børn og Kristi egne og gør ét deraf. De er mine disciple og har dog fra evighed af været dine. Hvorfor? Fordi de har bevaret dit ord. Hvad er det? Hvorfor siger han ikke, de har bevaret mit ord? For efter rimelighed skulle de jo kaldes mine (som vi plejer at sige), fordi de bevarer mit ord. Men han siger sådan med vilje, for som sagt, gør han ét deraf og gør sig selv ét med Faderen.

Som ville han sige: I det at de er mine disciple og hører mig, så hører og bevarer de ikke mit, men dit ord. Fordi vi skal være vis på den trøst, *at der intet andet ord udgår af den herre Kristi mund end Faderens i Himlen.* Og det sådanne ord, hvormed han på det kærligste kalder os til sig (som man ser overalt i evangeliet), så du ikke skal frygte for nogen vrede, men af ganske hjerte vente dig al kærlighed, godhed, trøst og hjælp fra ham, så vist og sikkert som var du hans udvalgte kære barn, der hvilede i hans skød og ejede alt, som han har givet Kristus. Se, hvor kan han tale mere trøsterigt eller hvor er det noget menneske på jorden muligt med så simple og få ord at udtale så herlige ting? Ja, hvor er de hjerter, som kan forstå og tro det?

v7 Nu ved de, at alt det, du har givet mig, er fra dig.
Dette sigter her til, hvad jeg har talt om, at han vil styrke vor tunge samvittighed, der trykker os overmåde, og gøre hjertet let og glad, så at det tør træde frem for Gud. Fordi de har og bevarer dit ord, siger han, og derved er blevet mine disciple, så véd de, at det alt sammen er fra dig, hvad jeg har og udretter, virker og giver, det vil sige, de modtager det som givet og skænket af dig. De tvivler heller ikke på, at de jo selv er udvalgt af dig og længes mod dig. For alle, siger han, som hænger ved mig og hører mig, er vis på, at du også er deres nådige Gud og fader, *for de kunne ikke høre mig eller bevare ordet, hvis du ikke havde givet dem det og udvalgt dem dertil.* Se det er ordets frugt, når det modtages og bevares, at man får en kundskab om al den nåde og de gode ting, der gives os af vor himmelske fader ved vor herre Kristus, og at man glad og frimodigt tør stole derpå, hvad ingen menneskelig fornuft eller visdom, ja selv ikke lovens prædiken kan give. Dette er det rette lys og klarhed. Da kan man rigtig se Gud i øjnene uden noget dække eller forhæng, som Paulus siger i 2 Kor 3, 18.

v8 For de ord, som du har givet mig, har jeg givet dem.

Det kommer alene an på ordet. Derved får vi og opnår alting. Blot skal man vide, at det alt sammen er Faderens ord, som Kristus taler. Derfor tror vi ham og driver alle andre tanker tilbage, eller hvad som helst ellers der kan forstyrre os. Og se hvor tydeligt han taler om det ydre, mundtlige ord, talt med legemlig røst ved Kristus og opfattet med ørerne. Derfor skal ingen anse det for ringe eller unødvendigt, som nu mange afsindige sværmerånder bedrager sig selv og mener, at Gud må handle med dem på en særlig måde ved åndens hemmelige åbenbaring, og således lader sig føre fra Gud og Kristus til Djævelen. Her hører du ikke om andet middel end ordet, som han ved sin mundtlige prædiken havde givet dem og *kalder netop dette for Faderens ord,* som han har modtaget af ham fra Himlen og bragt os, og siger, at *det bringer en sådan kraft og frugt, at de derved kan kende Faderens vilje og hjerte og deri har alt det, som er nødvendigt for deres salighed,* hvad de følgende ord endnu mere vidner om.

v8 Og de har modtaget dem og erkendt i sandhed, at jeg udgik fra dig, og de har troet, at du har udsendt mig.

Se dog hvor mange ord han siger om en og samme ting, for han taler, som om han gerne ville lægge megen vægt derpå, så man kan se, *hvor gerne han vil tale til hjertet af de arme, svage og bange samvittigheder.* Han véd godt, hvor meget møje og besvær, det volder at trøste et anfægtet hjerte, så at det med glade øjne kan betragte Gud. Derfor skal vi heller ikke være kede af ofte at høre og tale derom, for det er så herlige og trøsterige ord, at der kunne prædikes i mange år derom, og dog er de langt højere, end nogen kan udtale. Derfor bør enhver se ind i sig selv og overveje, hvorfor Kristus har talt sådan, nemlig *for at han derigennem kan vise os Faderens hjerte og kærlighed og skabe en barnlig, trøstefuld tillid til ham.*

Sådan er nu meningen som tidligere, at ordet tilvejebringer så meget, når det modtages, så at man véd, at Kristus er udgået og udsendt af Gud, ligesom at *alt, hvad han taler, er Guds ord og vilje.* Hvad han udretter og tilvejebringer, er Faderens gerning og befaling og sker kun for at hjælpe os. For dette er den kundskab, hvorom han tidligere har talt og sagt, at det evige liv består deri. Men sådan en skat er skjult for al verden, at den aldrig kan komme dertil. Det er en sådan kunst, som ingen fornuft eller visdom på jorden kan opnå. *Det kan heller ikke tilvejebringes ved noget andet middel eller anden måde end netop ved Kristi ord.*

Den, som hører dette, får den rette kundskab, som gør ham klog og ikke lader ham fare vild, så at han mod alle Djævelens påfund og sin egen samvittigheds anfægtelser kan sige: Nu véd jeg, at jeg har en nådig og kærlig fader i Himlen, som i sin uudsigelige kærlighed og godhed har udsendt og givet mig sin kære søn Kristus samt alt, hvad han har udrettet, så jeg hverken behøver at frygte synden, døden eller Djævelen. *Blot må jeg blive ved ordet, jage alle andre tanker bort og ikke høre eller vide andet, end hvad Gud og Kristus taler.* For som jeg bestandig har sagt, er denne den eneste vej til at komme til Gud, så man ikke støder an, og *den rette stige eller bro, hvorpå man farer til Himmels, at man bliver hernede og griber hans kød og blod, ja hans ord og bogstaver, som udgår af hans mund.* Herved vil han på det allerbedste føre os op til Faderen, så at vi ingen vrede eller rædsel skal komme til at føle, men kun idel trøst, fryd og fred.

v9 Jeg beder for dem; jeg beder ikke for verden.
Her udøser han bønnen og viser, hvad der ligger ham mest på sinde, nemlig hans kære kristne. Fordi han ovenfor er begyndt at bede sin fader, at han vil herliggøre ham og med mange ord har fortalt, hvordan han ved sin prædiken og åbenbaring har herliggjort Faderen for sine disciple, så at de har modtaget hans ord og kender Faderen, så anbefaler han dem nu til Faderen, som dem, i hvem han må herliggøres, at han vil opholde dem i verden ved det, som de nu har. Så må denne bøn nu visselig være bønhørt, ikke alene fordi han ved sin hellige lidelse og død har fortjent det, men også fordi han her siger: Alt det, der er mit, det er dit, og hvad der er dit, er mit, osv. Som ville han sige: Vi er så

fuldstændig enige i sagen, så hvad jeg beder om, må være ja og visselig ske. Lad os derfor nu også fatte trøst, være ved godt mod og med fast tro slutte, at de, som den Herre Kristus beder for, visselig bliver holdt oppe og bevarede for Djævelens rasen og grusomhed, ja synd og alle slags anfægtelser. Nu har vi hørt, for hvem han beder, nemlig for dem, der har antaget hans ord og er nået til, at de af hjertet elsker ham og hænger fast ved ordet. Disse må stole på, at de visselig er indbefattet i denne bøn og skal blive hos den herre Kristus.

Men derimod er det skrækkeligt, at han siger: Jeg beder ikke for verden. Lad os derfor se til, at vi ikke findes blandt den hob, for hvem han ikke vil bede, for deraf kan ikke følge andet, end de ganske er tabte, som dem Kristus ganske undslår sig for og ikke vil vide af. Dette skulle jo forskrække verden, så at den heftigt skælvede for sådan en dom, men den holder det kun for spot og gør det latterligt og bliver i den frygtelig forstokkede blindhed, så den så skødesløst slår det hen i vejret og lader det gå sine øren forbi, som om en nar havde sagt det.

Men hvordan forstås det, at han ikke vil bede for verden, da han dog har lært i Matt 5, 44 endogså at bede for vore fjender, som forfølger os og bespotter både vort navn og lærdom. Derpå svares kort: At bede for verden og ikke at bede for verden må begge dele være rigtigt og godt, for han siger selv straks efter i vers 20: "Ikke for dem alene beder jeg, men også for dem, som ved deres ord tror på mig." Disse må jo endnu, før de omvendes, være af verden, derfor må han bede for verden for deres skyld, som endnu skal opnå det. Paulus var jo også af verden, da han forfulgte og dræbte de kristne? Dog bad Stefanus for ham, så han blev omvendt. Sådan beder Kristus også selv på korset: "Fader, tilgiv dem, for de véd ikke, hvad de gør." (Luk 23, 34). Sådan går det til, at han både beder for verden og ikke beder for den.

Men det er forskellen: Han beder ikke på samme måde for verden som for sine kristne. For de kristne og alle dem, der skal blive omvendt, beder han sådan, at de kan blive ved den rette tro, vokse eller blive deri og ikke falde fra, og at de, der endnu ikke er nået dertil, må aflægge deres væsen og nå hertil. Dette kaldes slet og ret at have bedt for verden, som vi alle skal bede. Men som den nu er, og fordi den raser mod evangeliet, da vil han ikke bede for den, at Gud skal finde behag i et sådant væsen eller se igennem fingre dermed og lade det passere. Man skal tværtimod bede om, at han vil hindre den og dens fremgang og gøre det til intet, ligesom profeten Moses bad imod Kora og hans tilhængere, som satte sig op imod ham, tragtede efter hans embede. Derfor blev han vred, råbte til herren og sagde: "Tag ikke hensyn til deres offergaver!" 4 Mos 16, 15. Ligeledes kong David i 2 Sam 15, 31, da han blev forjaget af sin søn, og hans viseste rådgiver Akitofel havde taget hans parti, da bad han Gud om ikke at lade Akitofel få fremgang, men lade det gå ham ilde. Sådan beder han også ofte i Salmerne mod forfølgerne og hans fjender.

Men sådan en bøn går egentlig *ikke mod personen, men mod det væsen*, som verden fører imod Guds ord, som ikke lader personen komme til nåde. Når Kristus derimod beder for sine kristne, da beder han ikke alene for deres person, men også for deres embede og hele væsen, for sådan som det er og lyder, sådan må personen også være og blive. Kort sagt, hvad personen angår, da skal man bede for enhver og på en ganske almindelig måde samle alt i en flok, både fjender og venner, så at de, der er vore fjender, kan omvende sig og blive vore venner, og hvis ikke, at deres gerning og foretagende så må hindres og ikke lykkes, og at personen hellere måtte gå under, end at evangeliet og Kristi rige skulle gå under.

Sådan gjorde den hellige martyrkvinde Anastasia imod sin mand, som var en afgudsdyrker, og en grum tyran imod de kristne og havde kastet hende i et grufuldt fængsel, hvor hun måtte blive og dø. Dér lå hun og skrev til Chrysogonus, at han flittigt ville bede for hendes mand, så at han kunne blive omvendt og troende, og hvis ikke, at han da snart måtte holde op med sit raseri. Sådan vedblev hun at bede, så at han til sidst drog i krig og ikke mere kom tilbage. Sådan beder vi også for vore vrede fjender, ikke at Gud vil styrke og beskytte dem i deres fremfærd og heller ikke hjælpe dem, men at de med nåde kan omvendes, hvis det kan ske. Men i modsat fald, at han da vil hindre dem og gøre en ende på al den skade og ulykke, de forvolder. For skal noget ske, da er det bedre, at verden går til grunde end Kristus, og at løgnen giver plads for sandheden, for Gud ønsker dog, at sandheden skal bestå og løgnen forgå.

Sådan ser Kristus med disse ord på de to flokke. Den første og mindste, som har Guds ord og gerne vil udbrede det. Den anden og store, som har i sinde at kvæle denne lille hob og med al magt stræber efter at undertrykke evangeliet. Derpå kendes det, hvad verden er, eller hvem der er af verden eller ikke er af verden. For verden kaldes egentlig de, som er dødelige fjender af ordet, så at de ikke kan se eller høre det. Det er ikke er en menneskelig, men en fortvivlet djævelsk synd. Sådan er verden nu engang, og de hjerter, der er forbitrede og forgiftede, farer med rasende had mod Kristus og hans ord. For det er nu engang Djævelens måde, om han blot kan finde eller opvække noget til at bespotte, beskæmme eller forfølge ordet på det allerskændigste til fortræd for den herre Kristus, da bruger han al sin magt og kraft, og hvor han ikke kan udrette noget med magt, da er han så ond, at han løber og flygter mere for det end for korset og intet efterlader, som han kan lade sin onde vrede gå ud over.

Endnu i denne time ser vi i hans børn og tjenere, at de daglig bliver mere og mere rasende og ikke véd, hvordan de skal bespotte og forfølge vort evangelium, og kan de ikke mere, så stopper de ørene til som for den værste djævel. Ja så smukt bærer verden sig ad. På barnet kender man Faderen. Hvad skal man nu her gøre og bede om andet end, at Gud vil hjælpe sine og ikke lade de andre se andet af evangeliet og de kristne end det, som mest smerter dem, så at de kan gå til grunde, fordi de slet ingen nåde eller forbøn vil have eller finde sig i at blive hjulpet, så må unåden eller ulykken hjælpe. Den fordel har vi af Guds nåde, at vi må forlade os på denne bøn og være vis på, at vore ting nok skal vokse og bestå, om de nok så grusomt raser derimod med al deres magt, hvorimod deres ting skal gå under og de selv med, hvor fast de end mener at sidde. For de er fjender af bønnen, der til sidst vil ramme dem og omstyrte dem. Det varer endnu en liden stund, inden de ophøjes og sidder så fast, så ingen kan løfte dem af sadlen. De er så vis på at udrydde os, som om de allerede havde gjort det. Derfor hører der tro til, for var der ikke det, så behøvede man ingen bøn.

v9b men for dem, du har givet mig, for de er dine;

Deri gentager han endnu en gang de ord, han før har anført, så han kan indskærpe os disse. For verden kan jeg ikke bede, siger jeg, for de er ikke dine, men hader og forfølger dem, du har givet mig. Men for dem beder jeg, for de er dit eget gods og arv. Dem sørger jeg for, som mit hele hjerte og sind hænger ved. Derfor siger han også ordene: "Dem, du har givet mig". For den, som hører Kristus til, hører også Faderen til. Men de hører Kristus til, som han selv har sagt, der modtager ordet og bevarer det. *For det er det sikreste kendetegn på en nådig fader, da ingen modtager ordet eller bliver derved, om han ikke er et Guds barn og givet den Herre Kristus af Faderen.*

Denne formaning har jeg tidligere givet jer og må stedse holde fast ved den, da vi ser, at Kristus lægger så megen vægt derpå, at han stedse gentager det og ikke stærkt nok kan fremhæve, hvor fornødent, det er, at man *frem for alt holder fast ved ordet* og beder Gud om hellere at lade os forfalde til al slags dårlighed, end at vi skulle synde imod ordet, og at vi ikke mister *denne skat, som er Kristus i hans ord.* Hvad skam der siden overfalder os, den skade vil vi rigelig få erstatning for ved denne skat. For dette er det, som søndertræder Djævelens hoved, ødelægger hans rige og al hans magt. Derfor er han tålmodig i alle ting, kan tåle, eftergive og tilgive alt uden dette ene, for hvor der ikke lægges vægt derpå, kan han bryde ind, hvor og når han vil. Kort sagt der hjælper intet helligt liv, fromhed eller klogskab, imod hans magt og vold uden dette ord alene. Derfor skal det være vor største omsorg ikke at blive revet bort derfra, for derpå pønser Djævelen med alle sine tanker og kræfter. Men hvem der nu bliver derved og beder derfor, han har den tro, ved Kristi bøn, at han skal blive derved, og ingen magt skal udrette noget derimod.

v10 Og alt mit er dit, og dit er mit.

Dette kan man sige, er at tale klart og tydeligt. Det var endnu ikke så meget, om han blot sagde: Alt hvad mit er, det er dit. For man kan jo sige, at alting er Guds, hvad vi har. Men det er langt mere, at han vender det om og siger: Alt, hvad der er dit, det er mit. Det kan ingen skabning sige over for Gud. Dette må du nu ikke forstå kun sådan om det, hans fader har givet ham på jorden, men også hans eneste, guddommelige væsen med Faderen. For han taler ikke alene om sine disciple og kristne, men han samler i det alt, hvad der tilhører Faderen, et evigt almægtigt væsen, liv, sandhed, retfærdighed, osv. Det vil sige, han bekender frit, at han er den sande Gud. For det ord: "Alt dit er mit", kan jo slet ikke forstås anderledes. Er alting hans, så er også den evige guddom hans, ellers kunne og turde han ikke bruge ordet ALT.

Men du må ikke glemme, i hvilken henseende han siger dette, nemlig at alting er møntet på dem, der hænger ved hans ord, for at formane os, at vi skal blive ved ham og vide, at Gud taler, udretter og giver alting ved Kristus, *så at man skal søge alle Guds ord og gerninger i Kristus.* Sådan som Kristus er over for dig og behandler dig, forjætter, lokker, trøster, bærer, giver alt, det gør også Faderen. *Kort sagt, du kan intet se og høre af Kristus, uden at du ser og hører Faderen selv.*

Se det er dette, Johannes taler om i hvert ord af sit evangelium, at man skal give slip på de store tanker, hvormed fornuften og kloge folk *omgås og søger Gud i majestæten uden Kristus.* Han vil ligge i vuggen i Kristus eller på moderens skød eller hænge på korset. Men de vil flyve til Himmels og udforske, hvordan han sidder og regerer verden. Dette er idel farlige tanker, hvis man ikke forstår rigtigt at beherske dem.

For de er alle bundet til dette eneste sted, at man ikke skal søge eller se længere. *Vil du finde og gribe alt, hvad Gud er, udretter og har i sinde, så kan du ikke søge det andre steder end hernede,* hvor han selv har puttet og lagt det. Det hører du i de ord: Alt dit er mit, osv. Derfor skal en kristen ikke søge og finde Gud andre steder end i Jomfruens skød og på korset eller dér, hvor Kristus viser sig i ordet.

Sådan siger også Paulus i 1 Kor 2, 1-2: "Da jeg kom til jer, forkyndte jeg ikke Guds hemmelighed for jer med fremragende talekunst eller visdom, for jeg havde besluttet, at jeg hos jer ikke ville vide af andet end Jesus Kristus, og det som korsfæstet." Se det er den store apostel, der giver en så udmærket oplysning og ikke véd noget bedre at rose sig af mod de falske apostle eller noget bedre at prædike end den stakkels korsfæstede Gud. Hvad gør da de højt flyvende ånder, som tragter efter højere og større åbenbaringer og mener at kunne svinge sig langt højere i ånden? Sådan siger han også i Kol 2, 3: "I Kristus er alle visdommens og kundskabens skatte skjult." Som ville han sige: Vil du fare højt, vide noget godt, ja være klog og vis og udgrunde alle guddommelige hemmeligheder og visdom, så studer og lær det kun i denne bog. Her finder du alt. Men, siger han, det ligger dybt begravet og skjult, så ingen uden troen kan se det og nå det. Med fornuftens øjne ser du intet uden et fattigt, skrøbeligt menneske, der er forladt af Gud og verden, men hvis du tror ordet, så skal du under svagheden og dårligheden finde al guddommelig visdom og styrke, hvis ikke, så må du klatre højt og kikke efter majestæten, men så vil du også løbe panden imod og falde.

For Djævelen har også lyst til de skønne tanker og kan ligeledes give en falsk forestilling, som om han var Gud, og iklædte sig idel herlighed og majestæt, sådan som han gjorde over for Kristus selv, som der står i Matt 4, 8. Kort sagt, hvad majestætens store klogskab og hellighed angår, da er han mester og Gud i verden og engang opfaret så højt, at han ikke kunne komme højere, da han ville være Gud lig og sidde på hans trone. Derfor kan han ikke vige ud fra sin bane, men vil stedse i majestæten æres som Gud. Derfor har Gud igen spillet ham det puds, at han nedværdiger sig til det allerdybeste og skjuler sig i den allerringeste skikkelse som f.eks. på Jomfruens skød og vil heller ikke lade sig finde på nogen anden måde. Derhen kan Djævelen ikke komme, for han er hovmodig og stolt, skønt han kan iklæde sig det allerstørste ydmyghedsskin. Derfor kan heller ingen snyde ham bedre end ved at holde fast ved, hvad Gud har lært. Hvis han griber dig andetsteds, så er du ganske fortabt, så river han dig bort ligesom høgen, der slår ned på kyllingerne, når de er uden for hønens beskyttende vinger.

v10b Og jeg er herliggjort i dem.

Det er tidligere sagt, hvad der forstås ved at herliggøre, og hvordan han vil herliggøres af Faderen og igen herliggøre ham. Sådan har han også tidligere talt om, hvordan han herliggøres i os, når han siger: De ord, du har givet mig, har jeg givet dem, og de har modtaget dem og i sandhed erkendt, at jeg er udsendt af dig. Så det at herliggøre er ikke andet end at have en ren og klar kundskab om Kristus, som den ved hvem Faderen åbenbarer sig for os, at vi véd, hvad han har givet os ved denne sin søn. Ja, kort sagt, ligesom han ved ordet og åbenbaringen herliggøres af Faderen, *sådan herliggøres han i os ved troen og bekendelsen.* Det kaldes at herliggøre, for han behøver nok herliggørelsen (ikke for sig selv, men for vor skyld, som han siger: Jeg skal herliggøres i dem), som den der er formørket for verden og ikke nyder nogen anseelse, for jeg har sagt: Den som ser på Kristus med fornuftens øjne, ser intet uden en elendig, fattig og forladt mand, i højeste grad foragtet og forbandet, der vandrer her på jorden i 30 år uden at nogen bliver opmærksom på ham, og når han skal bevise sin herlighed, da lader han sig på det forsmædeligste hænge og dræbe på korset.

Så er nu indholdet dette: Af verden bliver jeg sværtet, bespottet, fordømt, og enhver forarges over mig, men mine disciple, som hører ordet, at jeg er udsendt af dig og har alt, hvad dit er, de herliggør mig, for derved bliver jeg åbenbaret for deres øjne, så at de anser mig for en anden person end verden, nemlig for din søn, én evig sand Gud, herre over verden, Djævelen, synden og døden. Det har de ikke tidligere kendt ved menneskelig fornuft, ej heller set det på min pande, men nu har de jo et andet lys, nemlig ordet, som du har givet mig og jeg dem, og de betragter mig ikke mere som verden efter deres forstand, men som de hører om mig i ordet, der er åbenbaret ved Faderen.

Og lad heller ikke dette være nogen ringe trøst, at Kristus selv taler om os hos Faderen og siger, at han skal herliggøres i os. For denne ære skulle vi ikke foretrække al verdens gods og ære, at han ved vort arme køds og blods skrøbelighed vil herliggøres, og at det behager Gud fader, når vi priser og ærer Kristus. Derfor må enhver selv se, hvordan

Kristus kan forklares i ham, for der er vel mange, der roser sig af evangeliet og taler derom, men herliggørelsen er ikke så almindelig. For at herliggøre Kristus eller at tro på ham er intet andet end, hvad vi har hørt, dette at tro, at den, der har ham, han har Faderen og al nåde, de guddommelige gode ting og det evige liv. Det kan verdens helgener, paven og sværmerånderne ikke, *for skønt nogen taler om Kristus og ligeledes om ordet, at han er Guds søn, har frelst os osv., så lærer de dog aldrig, hvordan man modtager ham, søger og finder ham og virkelig beholder ham og ved ham også griber Faderen*, for de går kun skødesløst til værks og holder mest af deres egne tanker.

Dette kan man se hos nogle af vore sværmerånder, der dog har lært af os at tale om Kristus og troen, på hvilken måde de driver denne lærdom videre, hvor koldt og lunkent de taler derom, ja fuldstændig *flyver hen over denne tekst, kun agter den ringe som noget, enhver for lang tid siden har kunnet.* Kort sagt, deres tanker er ganske anderledes, selv om der dog undertiden er noget, de dvæler ved, så forstår de dog i virkeligheden ikke noget deraf og falder straks tilbage til deres sværmerier. *Derimod taler en rigtig prædikant mest om denne artikel som den, alt det hviler på, som hører til Guds kundskab og kærlighed.* Det ser du alle vegne, både hos evangelisten Johannes og i Paulus' breve. Så det er sand på begge sider: at hvad hjertet er fuldt af, løber munden over med.

v11 Jeg er ikke længere i verden, men de er i verden, og jeg kommer til dig.

To grunde har han anført, hvorfor han beder for dem. Den første at han siger: "De var dine, og du gav dem til mig". Det vil sige, de er taget ud af verden til Guds rige og som din ejendom, at du vil give dem din nåde og beskyttelse. Og for det andet: "Jeg er herliggjort i dem", fordi de lover og priser mig som den, der ejer alt, hvad dit er. Dertil kommer det tredje, at han går fra dem og efterlader dem i verden i al slags fare, ulykke og forfølgelse. For han siger: Jeg er ikke mere i verden. Der taler han som den, der nu skal fare bort og dø og er skilt fra verden, sådan som profeten Esaias tidligere har sagt om ham i 53, 8: "Han blev revet bort fra de levendes land" Ligesom den, der med magt udstødes af dette liv og ganske må anses for ikke mere at leve dette, men derimod et helt andet liv, som han kalder at gå til Faderen.

Men her fremkommer et spørgsmål, fordi Kristus siger, at han kommer til Faderen, så må han jo blive i verden, for vi tror jo, at profeterne har talt sandt, at Gud er alle vegne og opfylder himlen og jorden, som der ofte står i salmerne. Som f.eks. i Salmen 139, 8, at han både er i Himlen og i Dødsriget eller Helvede. Og Paulus siger i ApG 17, 27-28, at han er ikke langt fra nogen af os, for i ham lever vi, ånder vi og er vi, så at han alle vegne, hvor man søger og kalder på ham, er til stede og lader sig finde. Det har han bevist, da han adskilte Det Røde Hav og lavede en tør vej igennem det og druknede alle deres fjender deri. Hvorfor siger han da her, at han ikke mere er i verden og lader en tåge gå for ens øjne, som rejste han langt bort, så at vi ikke mere kunne have ham hos os.   Svar: Man plejer at tale på to måder herom først som sværmerne, at han er faren til Himmels og sidder deroppe på et bestemt sted, så at han ikke kan være andre steder. Ligeledes kan han heller ikke efter deres syn og tanker være alle vegne til stede i nadveren med sit legeme og blod.

Men vi svarer efter Skriften og siger: At være i verden vil sige at være i dette ydre, sanselige væsen: det er i det liv, som verden bruger og lever, hvilket kaldes et naturligt liv, hvori man spiser, drikker, sover, arbejder, har hus og gård og kort sagt må bruge verden og hele dette livs nødtørftighed.

Derimod siges de ikke mere at være i verden, som er gået bort derfra og skilt fra alt, kort sagt, som ikke behøver at spise, drikke, gå og stå og intet naturligt legemligt liv lever, hvilket profeten Esajas har sagt med de dejlige ord: Han blev revet bort fra de levendes land. Som vi siger: At afskæres fra dette liv. Ikke at han ganske er skilt fra verden og ikke er hos os, men at han ikke behøver at pleje sig som et menneske. Derfor lever han nu ikke verdslig, det er i dette legemlige liv og dets nødtørftighed. Der er derfor idel narreri med deres tanker, når de mener, at dette at gå bort fra verden til Faderen er at fare bort fra himlen og jorden til et bestemt sted, ellers måtte Djævelen alene regere i verden, så Gud ikke havde nogen plads og Kristus heller ikke, hverken i nadveren eller dåben. Ja, han kunne efter deres forståelse heller ikke være i de troendes hjerter.

Så er det en hel anden ting at være i skabningen (dvs. på det sted, hvor de skabte ting er) og i verden. De er i verden, siger han. Det vil sige, de lever, som man lever i verden, bruger dette livs gerninger, de fem sanser, alle elementer uden hvilke dette verdslige væsen og legemets liv ikke kan opretholdes. Men jeg ophører dermed, det vil sige, jeg unddrager mig alt legemligt væsen, spisen, drikken, arbejde og lidelse, kort sagt al ydre.

Derfor bliver det derved, at Kristus, når han *med sit legeme og blod er i nadveren og med sin Helligånd og hele guddommelige væsen er i dåben,* da er han ikke i verden, for han går og står, vandrer og taler ikke, og forretter ingen gerning, som sker på jorden, ellers kunne den tekst ikke bestå, som siger: Jeg kommer til dig. For sig mig, hvor er Faderen? Sandelig ikke hist oppe på et bestemt sted. Kommer han da til Faderen, så må han være overalt, hvor Faderen er. Nu er Faderen alle vegne, i og uden for himlen, så man ikke kan finde ham noget bestemt sted, som stjernerne på himlen, for vi må sige og tro, at han er hos os, hvor vi påkalder ham, i fængsel, vand og ild, ja al nød. Men denne tekst kan vore sværmere hverken høre eller se, men springer den over og tager kun et lille stykke ud, som de kan dreje efter deres egen mening, men derom er der skrevet tilstrækkeligt andetsteds.

v11b Hellige fader, hold dem fast ved dit navn.

Her siger han, hvad han beder om, nemlig at Faderen vil være hos dem, fordi han forlader dem og lader dem blive alene tilbage i verden, og at han vil bevare dem, ligesom han selv bevarede dem, da han var hos dem.

Men det, at han siger: Hellige fader! Det kommer fra et brændende hjerte, for det eneste ord sætter han op mod alt det vanhellige væsen i verden, der føres med det største og helligste skin, som ville han sige:

O, kære fader, når jeg ser alt det sværmeri og vildfarelse, der under dit navn udføres mod den rette hellighed, så må jeg sige: Der er jo slet ingen hellig, lige meget hvor meget de så end smykker sig, uden alene dit navn og Ord, som jeg prædiker. Sådan taler han også i Salme 22, 4: "Du troner som den hellige, du, som Israel lovsynger." Som ville han sige: Enhver vil dog kaldes hellig, have Helligånden, lære og regere verden, men de er desværre sådan, at de alle under dit navn og med et helligt skin jammerligt bedrager og forfører verden.

Fordi du nu alene er hellig, vil han sige, og Djævelens vederstyggelighed og påfund er så mangfoldige, så bevar dem i dit navn. Hvorfor det? Eller hvorfor i hans navn? Roser ikke alle løgnere og bedragere Guds navn, og dette navn må have gjort alting i verden, som man siger: I Guds navn begynder al ulykke, og ingen vildfarelse kan ske her på jorden, uden det må være i dette navn. Svar: De er ikke i Guds navn og bevares heller ikke i hans navn, derfor beder han Faderen om hans hellighed, fordi der er så megen vanhellighed. Han vil adskille sin lille flok fra alle sådanne og bevare dem, at de bliver i dette eneste navn.

Dette vil sige det samme, som at vi beder: Kære Fader, bevar dem fra al falsk lærdom, at de bliver ved dit hellige ord og rene evangelium og ikke falder fra og bliver hellige på en falsk måde. For de er fortabt, hvis du ikke opholder dem, da Djævelens list og falske lærdom er for stor, så det er umuligt med al vor klogskab og kræfter at overvinde ham, og som Kristus selv siger, at endog de udvalgte næppe undgår at blive ført i vildfarelse.

Ved denne bøn må også vi stakkels mennesker bevares, ellers kunne intet menneske være her på jorden for de listige og mægtige ånder og sværmere, som har været fra første begyndelse indtil nu og har brugt så stærk magt, så de har draget de bedste og lærdeste folk på jorden til sig, der ellers gerne ville have gået den rette vej og blevet fromme. Hvilket grueligt syn er det ikke at se den verden, der har svigtet evangeliet og har mistet ordet straks efter Paulus og apostlenes tid, da det stod så godt til i hele Asien og Grækenland, hvor nu intet bogstav af evangeliet mere er at finde, og alting er fortabt under tyrkernes og muslimernes skrækkelige gudsbespottelse, ligesom det også hidtil her været under pavedømmet. Ja, selv i de tyske områder har der fundet meget kætteri og forførelse sted. Hvor få er de, der har beholdt evangeliet rent og i rette forstand? Derfor er det bestandig nødvendigt, at vi uafbrudt beder med Kristus: Kære Fader, hjælp og ophold os ved det rette, hellige væsen i dit ord, at Djævelen ikke skal besnære og overliste os med sit fine skin af den skønneste, himmelske hellighed.

Se, det kaldes nu at forblive og bevares i hans navn, når man beholder ordet rent i hjertet. For det er Guds navn eller ære, at han sådan prædikes og kendes, at han alene af ren nåde for Kristi skyld giver os syndernes forladelse og gør os salige. Den, der bliver i denne lærdom eller tro, er Guds egen, så han kalder ham sin Gud og fader og er hellig. For som Gud er, sådan er også hans ord og navn, og som hans navn er helligt, sådan bliver vi også derved hellige, ikke ved vor livsførelse eller gerning. Den, der giver slip på ordet er aldrig hellig, selv om han foregiver at være det.

v11 Hvilket du har givet mig.

Det er, hvad der før er sagt: De, som har mit ord. Det gentager han så ofte og kan ikke glemme det til stor trøst for alle, der gerne vil høre og modtage hans ord. Han alene er mesteren og overhovedet, men vi bliver hans disciple, så at vi må vide, at Gud selv har bragt os til at høre Kristus, og at vor frelse ikke grundes på os selv, men hviler i Guds hånd, hvorfra ingen kan rive den bort. Derfor siger han også: Du har givet mig dem, at de skal være mine disciple og kaldes til sand hellighed. Så vil du også fremdeles opholde dem derved, så at de ikke vanhelliges eller føres i nogen vildfarelse.

v11 At de må være ét ligesom os.

Atter her har sværmerne vist deres galskab, så det er rædselsfuldt at se, hvordan de fordrejer de herligste ord, der så trøsterigt er talt, eller ganske springer dem over. Med hele denne tekst sigtes der til, at den herre Kristus har set, at de, der er begyndt at høre hans ord, kommer i al slags fare, så de kunne blive revet væk igen. For hvor Djævelen ser, at Kristus får disciple, bliver han rasende og anvender al magt og list for at rive dem bort. Derfor beder han om, at Faderen vil beholde og bevare dem ved sit navn, så de ikke skal adspredes eller rives bort, en hist en her, men blive uadskillelig ét.

Men disse ord, at de må være ét, er ved arianerne, der benægtede Kristi guddom, blevet fordrejet og forfalsket, for at bestyrke deres løgn. For de har villet fortolke så meget heraf, fordi han siger, at de kristne skal være ét, ligesom han og Faderen er ét, så må han ikke være én natur og ét væsen med Faderen. Vi kristne kan jo ikke med hinanden være af én natur eller væsen, for enhver har jo sin egen natur, det vil sige, legeme og sjæl for sig selv, derfor må det ord: at være ét, betyde det samme som at være lige eller ligesindet, som man ellers siger om to, der har lige ånd, hjerte, vilje og mod. Sådan har denne ædle tekst måttet tjene deres kætteri og løgn imod troen og Johannes' lærdom, som på det allerkraftigste forklarer denne artikel.

Velan, Kristus siger jo ikke sådan, at de har én vilje eller forstand, skønt det er sandt, at de kristne alle har én tro, kærlighed, forstand, sind ligesom de, der har én Kristus. Men han taler ikke her om den enighed, der kaldes en lighed, men udtaler de ord: at de må være ét, dvs. én ting sådan som Faderen og jeg, sådan som det er sagt om væsenet og betyder meget mere end at have ét mod og sind. Men hvad denne ene slags ting er, kan man hverken se eller føle, men må kun tro derpå. Dog er det intet andet, end hvad Paulus siger i 1 Kor 10, 17 og 12, 12, og mange andre steder. At vi kristne alle er ét legeme, og da legemet kaldes én ting, så kaldes hele kristenheden ét legeme eller ét brød, ikke alene for de evige og lige tankers skyld, men meget mere for det ene væsens skyld.

Nu er der langt større enighed mellem et lem og legemet end imellem dine og en andens tanker, for hans tanker er i hans legeme, og dine i dit, og du kan ikke sige, at mine og dine ord er én ting, som alle lemmer med hinanden er én ting, det er ét legeme, så at når ét lem mangler, så er det ikke mere én ting og væsen med legemet, men et eget

54

legeme eller væsen, og så længe de alle bliver hos hinanden, så bliver de ét, så er der ingen forskel.

For når foden er alene eller bortskåret fra legemet, så er det ikke mere ét med legemet, men kun en fod, som man kaster bort. Bliver den imidlertid ved legemet, så kan jeg sige, at de er ét, så legemet ikke kan undvære foden og foden heller ikke legemet.

Sådan mener Kristus også her, at de kristne skal hænge sammen, så de udgør ét legeme, ligesom han og Faderen er ét. De skal ikke alene være ét sind og vilje, men ét helt udeleligt væsen, for skilte man Kristus fra Faderen, så var han ikke Gud, men et fraskilt væsen.

Der er en endnu meget større enhed i den guddommelige natur end mellem lemmerne og legemet, selv om vi ikke kan begribe det.

Derfor siger han også, min kære lille flok eller kristne skal være ét legeme, ét brød, helt og udelt. For skønt her er en anden enighed end naturens, nemlig en åndelig, så kaldes den dog én ting, så det ene ikke kan undvære det andet, og hvis et stykke blev revet af, så kunne det ikke kaldes ét eller én ting.

Sådan må det ord ét forstås, ikke som de har forvansket det, at det ikke skulle betyde mere end en lighed. Som når jeg ser to mennesker, der ligner hinanden meget, så siger jeg vel, det er ét ansigt, lige så om to skjorter, der ligner hinanden, siger man, at de er af samme stykke tøj. Men her står tydeligt, at de skal være ét, én ting, hvilket man i det latinske og græske sprog ikke plejer at sige om lighed eller endrægtighed, men på vort sprog er det ord ét ikke så klart, for man bruger det i dobbelt forstand, derfor må vi oversætte det på den måde, så at vi siger: én ting eller ét legeme og brød.

Dette siger jeg nu, for at denne tekst ikke skal blive fordrejet ved utidig verdslig visdom, for der ligger en stor trøst deri for alle, som tror på Kristus og holder fast ved ordet, nemlig at vi alle er ét kød og ét blod og har den fordel, at alt, hvad der angår et lem, angår hele legemet, hvilket ikke sker i én lighed eller endrægtighed. For skønt mange har ét sind og vilje, antager den ene sig dog ikke den anden, sådan som i ét legeme. For denne forenings skyld kaldes kristenheden de helliges samfund, (ikke lighed), de helliges fællesskab eller menighed, da alle kristne er én flok og ét brød. Så véd en kristen nu, at hvis Djævelen angriber ham, så angriber han ikke én finger, men hele legemet, det er alle kristne i verden, ja Gud og Kristus med.

Det er som med legemet: hvis man træder på den mindste tå, da krymper hele legemet sig, øjnene gnistrer, og man rynker næsen, hænderne griber til, og hvert lem mærker smerten i tåen, for det hører til en sådan forening, at der ikke er noget stykke eller nogen del, som lever og føler adskilt eller ikke har alle de andre, dvs. hele legemets liv og følelse.

Hvor end det ringeste lem i kristenheden lider, så føler hele legemet det straks, ligesom også vort overhoved Kristus hører det, og selv om han vente lidt, så siger han dog ved profeten Zakarias: "Den, der rører jer, rører ved mit øjeæble." (Zak 2, 12). Se denne dyrebare forjættelse er jo en stor kraft for de kristne imod deres forfølgere, at de véd, Kristus tager sig deres lidelser så nær, at han siger disse ord: De rører ved mit øjeæble. Så at når Djævelen angriber en kristen, så angriber han sådan, at han må bide sig selv i tungen og brænde fingrene.

Herpå lærer vi et smukt eksempel i Paulus' historie, da han forfulgte de kristne og havde hjulpet til at ombringe Stefanus, da mente han, at han havde afrevet en tå, men hvad siger Kristus i Himlen dertil? Han siger ikke, hvorfor klemmer du min tå eller forfølger min arme flok? Men han siger: Saul, Saul, hvorfor forfølger du mig, det vil blive dig svært at stampe imod brodden. Ganske som om han havde angrebet hans egen person. Hvorfor? Fordi man ikke kan røre ét lem på legemet, uden at hovedet først må føle det, for fra hovedet kommer og går al kraft, hvorved legemet kan føle det.

Dette, siger jeg, er den største trøst i alle de kristnes lidelser, når de anfægtes af Djævelen eller angribes af verden, at de ikke lider alene, men hele kristenheden på jorden, ja alle engle i himlen med Kristus og Faderen selv *antager sig deres lidelse og bærer den sammen med dem. Ja intet kan hænde dem, uden det hænder for dem alle. Den, som véd og tror dette, kan bære og overvinde al slags ulykke, ligesom ingen lidelse eller anfægtelse bliver så tung og utålelig, som når hjertet føler, at det lider ganske alene.* Derfor må troen holde sig til dette ord, imod sin egen følelse og verden råberi. Når den angriber en kristen, mener den at have undertrykt ham, så ingen kan hjælpe eller redde ham, som den triumferede over Kristus selv, da han hang på korset.

Se, det er de kristnes forening, som Kristus har vist ved disse ord, men dertil kan man ikke komme på nogen anden måde end derved, at Gud (som han har sagt) opholder os i sit navn, dvs. når vi bliver i ordet, som vi har modtaget af Kristus, for dette ord holder os alle sammen under ét hoved, så at vi hænger ved ham alene og ikke søger nogen anden hellighed eller noget, som skal gælde for Gud uden i ham.

Kort sagt, ved ordet indlemmes vi i Kristus, så at alt, hvad han har, er vort, og vi kan antage os ham som vort eget legeme, hvorimod han må antage sig alt, hvad der overgår os, så at hverken verden, Djævelen eller nogen ulykke kan skade eller overvælde os. For der er ingen magt på jorden så stor, at den formår noget imod denne forening. Hvorimod Djævelen gør alt, hvad han kan for at rive os ud af dette bånd og ved sin list rive os bort fra ordet. Hvis dette sker, så har han vundet alt, for uden ordet er ingen forening mere, men kun splid og kætteri samt menneskelig lærdom blandet imellem hinanden, idet enhver søger hellighed i sine egne gerninger.

v12 Da jeg var hos dem, bevarede jeg dem i dit navn.

Det er den tid, de har hørt mig og set mig, da jeg har bevaret dem ved dit ord og din lærdom, bestandige formaninger, trøst og advarsel, at de ikke skal føres bort fra det rene ord og kundskab. Men nu, da jeg ikke er mere i verden, og de ikke stadig kan have mig hos sig, se og høre mig, så styrk du dem, at de må blive ved, som de er begyndt, for de har dit ord og er dine egne.

v12b Hvilket du har givet mig, og jeg vogtede dem, ingen af dem blev fortabt uden fortabelsens søn, for at Skriften skulle opfyldes.

Jeg har bevaret dem for al falsk lærdom og holdt dem så fast, at ikke én af dem er blevet fortabt uden Judas. Hvorfor det? For han hængte dog ikke ved mig, så han har troet mig og mit ord med alvor, men derfor holdt han sig til mig, at han ved mig og i mit navn kunne blive rig og dog med så herligt et skin, at ingen af disciplene mærkede det. Men sådan et Djævelens barn må den herre Kristus have og tåle iblandt sin flok, at Skriften skulle fuldkommes. Som han tidligere har sagt, at Kristus og hans børn stedse må have sådanne judas-apostle blandt deres flok. Som han på et andet sted selv anfører i Salme 41, 10: "Selv min ven, som jeg stolede på, og som spiste brødet med mig, har løftet hælen imod mig." Sådan er han et billede på alle dem, der søger deres eget ved evangeliet, ligesom der desværre også er mange af hans børn, der roser sig af evangeliet, og dog intet får ud deraf uden dette, at de mener, det er en vej til at opnå ære og gods, som Paulus siger i 1 Tim 6, 5. Som paven hidtil i Kristi navn har tilegnet sig al verdens herredømme, ære og gods, og har det endnu.

Så tager han nu afsked med dem og siger: De er ikke mine disciple, derfor kan jeg heller ikke bevare dem, selv om de bruger mit navn og udgiver sig for at være det, da de dog ikke ønsker at være kristne, men til sidst bliver mine værste fjender og gør den største skade i kristenheden. Men de, der gerne vil blive i ordet, har den trøst, at Kristus ikke vil forlade dem, og at de skal bevares ved denne bøn, som han har bevaret sine kære disciple. De andre har intet her at søge og kan heller ikke få nogen trøst, da de stoler for meget på verdens gunst, for der står skrevet: Ingen kan tjene to herrer – Gud og Mammon.

v13 Men nu kommer jeg til dig og dette taler jeg i verden, for at de må have min glæde fuldkommet i sig.

Se! Hvor er dog disse ord jævne og enfoldige, og dog forstår ingen dem. De snurrer forbi dem, som om intet var lettere at forstå, og ingen har rigtig i sinde at bemærke dem. Vi har hørt, hvad det er at gå bort fra verden og komme til Faderen, men han gentager det her, at han så meget kraftigere kan trøste sine kære disciple, så de kan vide, hvorpå deres tillid og beskærmelse skal stå og grundes i verden. For da han hidtil har opholdt dem, medens han legemlig eller personlig var hos dem, men nu skal forlade dette synlige, verdslige levnet for at gå til et andet usynligt levnet og væsen, og lade dem blive alene tilbage, ja de skal desuden heller ikke selv blive legemlig hos hinanden, men adspredes fra hinanden hist og her i verden, så behøvede de en stærk beskyttelse og god forsikring, så de kunne bestå i verden mod alle slags anstød og ulykker. Derfor vil han hermed vise dem et andet sikkert sted, hvor han langt bedre kan bevare og opholde dem, nemlig hos Faderen, hvor han selv farer hen, så han kan modtage alle ting i sin magt og stadig være hos dem, skønt han vel i det ydre og legemlig går fra dem.

Nu er hele denne teksts mening den: Jeg har opholdt dem legemlig hos mig så længe, fordi jeg har samlet dem og indplantet ordet i dem, at det har slået rødder, hængt ved og er blevet i dem. Dog sådan, at det ved dem skal komme videre og udbredes over hele verden. Jeg har kun været hos dem, for at jeg kunne begynde dette, ja erhverve og skaffe alt, hvad de med hele kristenheden skal have og modtage ved mig. Men nu er det tid, at jeg kommer til dig igen, indtager mit rige og udbreder det ved dem, ja sender ordet ud over hele verden. Derfor befaler jeg dem til dig, at du ved din Helligånd og guddommelige kraft selv skal styrke og bevare dem.

Og dette taler jeg nu (siger han) i verden, det vil sige, derfor lader jeg disse ord blive hos dem, at de kan høre, hvordan jeg beder for dem, at de skal være under din beskyttelse og varetægt, og at de kan trøstes og roligt stole på, at du ikke vil forlade dem, om end alle djævle og hele verden på det frygteligste raser imod dem.

Her er atter klart bevis på, hvad det ydre ord eller evangelium gavner og er fornødent her i kristenheden. Han vil ikke beskærme eller bevare uden ydre middel, skønt han godt kunne og desuden har alle ting i sin hånd, men han bruger ordet dertil, for at de kan vide, hvortil de skal holde sig, og hvor de skal søge deres trøst. For det skal ikke gå sådan til, at de kan se og føle, men tro det. Over for verden ser det ud som ganske det modsatte, som ville han ikke bevare eller beskærme dem, men tværtimod lade dem undertrykke og fordærves.

Han siger jo også, jeg kommer til dig, for at du skal bevare og opholde dem, men dog er det fornødent, at jeg taler herom, mens jeg endnu er i verden, og det med legemlig røst og ord ligesom et menneske taler med et andet. Hvorfor eller til hvad nytte? Fordi, siger han, at de skal have min glæde i sig. Nemlig for at de kan trøstes ved ordet, som fattes med øret og bevares i hjertet og derpå roligt kan trodse og sige: Se det har min herre Kristus sagt, så inderligt har han bedt for mig, det har jeg hørt af hans mund eller af dem, som har hørt det og er sendt af ham og har modtaget det for at prædike det for mig, at han ikke vil forlade mig (skønt han ikke legemlig er hos mig). Han vil derimod beskytte og bevare mig ved Faderens almægtige, evige magt og kraft. For vi véd fra de samme udtalelser, at han og Faderen er ét, og at alt, hvad der udgår fra hans mund er Faderens eget ord. Og se, det kalder han at have hans glæde fuldkommen, for det er ingen verdslig eller ydre, men en hemmelig og skjult glæde. For verden har de kristne idel jammer og sorg, forfølgelse og ulykke enten af tyranner og sværmere eller umiddelbart af Djævelen selv og må tåle, at verden endog er glad og synger, når det går dem ilde. Som Kristus tidligere har sagt i Joh 16, 20: "I skal græde og klage, men verden skal glæde sig." Dog siger han, skal de under sådan sorg og bedrøvelse have en fuldkommen glæde, som der står samme sted i Joh 16, 22: "Jeres hjerte skal glæde sig, og ingen skal tage jeres glæde fra jer."

Dog afhænger det af, at man med hele sit hjerte holder sig til ordet og trøster sig dermed, at han så dyrebart har lovet os, at han vil være hos os med Faderen og bevare os, at ingen ulykke skal skade os, så at vi bliver revet fra ham. Så har vi altså altid glæde og trøst, så at ingen lidelse eller modstand kan gøre os bedrøvede eller forsagte, men at kærligheden til Kristus gør, at vi kan bære alle slags lidelser; ellers kan en kristen ingen glæde have på jorden, som er fuldkommen og retskaffen. For selv om du ejede al verdens glæder, så kunne du dog ikke derved bestå imod nogen anfægtelse eller ulykke, for verdslig glæde grundes kun på timeligt gods, ære eg lyst og kan ikke vare længere end, at sådanne ting er til stede, hvorimod den anden glæde varer evindelig, da dens grund er evig, ja endog består og tiltager midt i ydre bedrøvelse og ulykke, så at man med et glad hjerte kan bortjage al verdens glæde og foragte den.

v14 Jeg har givet dem dit ord.

Hermed vil han vise, hvordan det skal gå dem i verden, at de behøver sådan en trøst i ordet og kalder atter det ord, han mundtlig har givet og efterladt dem, Faderens ord, så at de intet videre behøver, men må anse det som den højeste skat på jorden, der er givet dem til glæde og trøst mod al ulykke. Jeg har ingen skat, siger han, som jeg kan give dem, uden ordet, som jeg har modtaget af dig og bragt fra himlen. Det har jeg givet dem og vil gerne have, at det skal vokse sådan i deres hjerter, så at de kan eje denne min glæde fuldkommen og helt, og de efter min død kan sige: *Her har jeg min herre Kristi ord, ja den almægtige Faders fra Himlen,* og er sikker på, at når jeg holder fast derved kan ingen magt på jorden skade mig, for han holder mig fast med sin almægtige hånd, hvorfra ingen kan rive mig bort, da han elsker sit ord og derigennem vil beskærme og forsvare alle, som tror derpå. Dette trænger vi fattige børn i sandhed til.

v14b Og verden har hadet dem.

Her står vor titel og de kristnes rette hoffarve, som vi bærer her på jorden. Er du den herre Kristi discipel, der elsker hans ord, så skam dig ikke ved at bekende dette for hans skyld og vær kun glad over, at du må have verden til fjende. Da vil du finde, ikke alene fremmede og onde skurke, men også dine nærmeste og bedste venner, ja selv de mest ærbare og hellige folk i verden bliver fjendske mod dig og forsøger at gøre dig al fortræd eller skade, fordi du prædiker og bekender Kristi ord. Selv om du må høre, at du er en kætter og Djævelens egen, så vid dog, at Kristi navn opvejer og overstiger al ondskab i verden. Al anden ondskab kan man forsvare, tilgive og berømme. Alle skurke kan man huse, tåle og forbarme sig over. Men de kære kristne kan jorden ikke bære. Dem forfølger, fordømmer og dræber man. Det er den højeste dåd og gudstjeneste, som hjælper verden (som Kristus siger i Joh 16, 2)

Derfor er dette ord godt sagt: Verden hader dem, ligesom han ville sige: Verden har ikke andet at gøre med sin had end at rase mod de kristne, skønt de vel nok, havde årsag til at øve deres had imod dem, som vel er det værd, som Djævelen og onde skurke. For al kraft og vægt lægges på ordet "dem". Hvem er da disse? De kære fattige apostle Peter, Paulus osv. Det er de skændige, fordømte folk, som verden ikke kan tåle. Hvad har de da gjort? De har ikke bestjålet nogen eller trådt nogen for nær. Hvad da? De har med møje og besvær tjent enhver for intet, *tilbudt og skænket* Guds nåde, evig salighed og alt godt. Hvad får de derfor? Idel grum, bitter vrede og had, så at man kan jage dem ud af verden og fordømme dem ned i det hede helvede.

Det er den tak og løn, verden skal give Kristus og hans apostle. Hvad skal den gøre mere, end at den på det forsmædeligste dræber en uskyldig mand som den værste forbryder, han, som har bragt den alt godt, frelse og salighed? Og dette gør ingen uden de allerhelligste folk på jorden. De tror, at de intet bedre har gjort over for Gud, end dengang de korsfæstede Guds egen søn. Ligeså vore grumme tyranner, når de blot dristigt kan bespotte evangeliet og alle vore, forfølge, myrde og brænde, så kaldes de kristne fyrster og kirkens skytsherrer. Betragt nu dette, er verden ikke smukt afbildet her, sådan som den er, når den vil være bedst? Hvis det er dens bedste og skønneste dyd, så må Djævelen rose den i vort sted. Jeg håber (Gud ske lov), at vi også skal findes i den tilstand, for den er os jo fjendsk nok som hidtil, og vi har erfaret, hvordan man på det allerværste raser imod vor lærdom, og når de ikke kan mere, beviser de med spot, banden og skænden, at de er os af hjertet fjendske.

v14c Fordi de ikke er af verden, ligesom jeg ikke er af verden.

Jeg hører til i samme register (vil han sige), ja jeg står øverst, derfor skal det heller ikke gå dem bedre end jeg. Har de kaldt mesteren Beelzebub, (siger han et andet sted), hvordan skulle de så ære hans disciple anderledes. Efter deres mening har de megen årsag til at være mig fjendsk, for jeg er ikke enig med dem. Jeg må vise dem deres blindhed og elendighed, straffe deres visdom og hellighed, som det, der intet gælder for Gud. Ikke at jeg gør dem skade eller fortræd, men at jeg derimod gerne vil hjælpe dem og udrive de arme, fangne sjæle fra Djævelen og føre dem til Gud.

Det kan Djævelen ikke tåle, derfor raser han så stærkt, ophidser og forbitrer deres hjerter mod mig og mit ord, sådan vil verden ikke ophøre med sin blindhed og forvovenhed og lade sine ting fordømme og intet gælde. Herover opstår strid og derfor må de lade al deres had og vrede gå ud over mig, så det går ham netop sådan, som han har sagt ovenfor i Joh 7, 7: Verden kan ikke hade jer, men mig hader den, fordi jeg vidner om den, at dens gerninger er onde. Ligesom de nu også er fjendske på mig for ordets skyld, sådan hader de også mine disciple, som jeg har givet ordet og derved adskilt dem fra verden. Dette skal nu være en glædelig og trøsterig prædiken for os, som har evangeliet og finder dette i gerningen, at de hader os og jo ikke kan fremføre nogen anden grund uden den, at vi er kristne og ikke vil blive i Djævelens magt. Derfor har jeg givet dem dit ord, siger Kristus, at de deri skal have deres fryd og glæde til trods og fortræd for den usalige verden, og at de kan unddrage sig dens gunst og nåde, ja flygte derfor, så at de ingen del har deri.

v15 Jeg beder ikke om, at du skal tage dem ud af verden.

Det er ikke om at gøre, at de kommer ud af verden, for jeg har endnu meget at skulle udrette ved dem, nemlig dette, at de skal udbrede mit rige og gøre min lille flok større. Ordet har de nu fået af mig, men da jeg ikke kan blive længere i verden, skal de ved deres ord endnu frelse mange, hvorfor jeg beder dig, at du ikke tager dem bort, selv om de er trætte af verden.

Det er grunden, hvorfor de kristne og navnlig lærerne skal ønske at leve, og vi med Kristus skal bede for dem, at de må få lov at leve længe. For kære Gud, det er meget nødvendigt, at Djævelen og verden er vore fjender, som vi nu har hørt, og tilfører os idel plage, ja bespotter og forfølger Guds ord, så at en from lærer til sidst bliver ked af at prædike. Derfor kan Gud ikke gøre os noget bedre end straks at tage os bort, så at vi ikke mere skal se og høre på sådan ulykke. Men hvad skal vi gøre? Der er dog endnu nogle steder en lille hob, som daglig står i fare for at rives bort fra ordet, derfor må vi sørge og arbejde og ikke ophøre, så længe vi lever dermed, selv om det nu koster megen besvær, så vi dog kan bevare ordet hos nogle, at det ikke ganske går til grunde, og de alle kommer til helvede.

v15b Men at du vil bevare dem fra det onde.
Ulykke og ondt må vi lide i verden for ordets skyld både af tyranner og sværmere, som angriber os på alle sider både med hånden og falsk lærdom, med list og magt, så at de kan berøve os ordet. Desuden må vi have alle djævle om os og stå som et enligt får midt iblandt ulve, ja iblandt idel brølende løver (som Peter siger), der har skærpet alle deres tænder mod os og tragter efter, at de kan sønderrive og æde os.

Kære! Hvem opholder os her, at vi kan blive og bestå mod så mange skrækkelige fjender og ikke hvert øjeblik forsager og mister både troen og ordet? Hvem bevarer os til denne time imod vore tyranner og alle djævle? Har de dog ikke så mange slags råd og lagt mange hemmelige planer imod os? De er jo også mægtige og vi svage nok, det mangler dem heller ikke på vilje. De mener det ondt, giftigt og bittert nok og vil gerne drukne os på én gang, ja opsluge os i én bid. Svar: Visselig ingen menneskelig kraft eller forstand, men her står et lille ord, det gør det, i himlen sidder én, som tænker på denne bøn og siger: Min Kristus har én gang bedt for dem, derfor skal de bevares og opholdes. Det er vor trods, ja vor beskærmelse og værge, at de ikke kan handle med os, som de gerne ville, skønt de kunne briste af grumhed og vrede, så lange til de hidser sig træt på os og løber tilbage, så at Gud rykker os bort fra deres tænder, og de går til grunde.

v16 De er ikke af verden, ligesom jeg ikke er af verden.

Dette er det, hvori vor trøst fuldstændig ligger, hvorfor han også så tit gentager det, og træffer netop dermed deres hjerter og tanker, som ville han sige: I føler og klager over, at I må blive midt i verden, som ikke vil tåle jer og påføre jer al ulykke, så I hver time må sidde i fare og sorg, det ved jeg vel, men lad den trøst være jer nok, at de ikke skal få magt over jer. For I hører ikke den, men min fader til, verden må gå bort, for den hører djævelen, dens Gud, til, men I skal dog alligevel have en beskyttelse i verden og være bevarede, indtil Gud ser tiden, da han skal tage jer bort, så at I undgår den ulykke og fordærvelse, som kommer over den.

v17 Hellige dem i sandheden.

Han fastholder stedse én ting, for alt hvad han beder om, drejer sig om ordet. Han siger ikke: Vil du bevare dem i verden fra ondt og ulykke, så lad dem løbe ud i ørkenen eller klostre, men bevar dem sådan, at de kun bliver hellige, det vil sige i din sandhed, der er en retskaffen hellighed. Han siger atter: I verden er de i al slags farer og nød, men dog er ingen større og farligere, end at de kan vanhelliges under påtaget helligheds skin og indbildning. For derpå arbejder Djævelen med al sin klogskab og sine kræfter, at han ved sine sværmere kan indføre sådan lærdom, der har det største skær af den rette sandhed og hellighed, så at den anses for at være det allerskønneste, ganske som en skøge over for andre ærlige koner. For det er også den skønne røde skøge Babylon, Åb 17, 4, prydet med purpur, skarlagen, guld, perler og alle slags ædelstene, med hvem kongerne og herrerne og al verden boler.

Dette er nu vor strid og kamp, om hvilken vi kristne må slås med Djævelen, for han angriber os ikke med anfægtelse og grove synder, da han godt véd, at han ikke kan vinde sejr over os på den måde. Men derimod giver han sig selv et så stort skin af hellighed, for at vi skal gribe derefter og antage det for den rette hellighed, så at vi bestandig må kæmpe mod idel hellighed.

Sådan er nu meningen af denne bøn: Jeg ser godt, hvordan hele verden kæmper om stor hellighed, og enhver danner sig sin mening for at kunne anses for den helligste, men du kære fader vil bevare og vogte dem for et sådant skin af tilsyneladende hellighed og gøre dem retskaffent hellige. For det hedder at hellige i sandhed, som Paulus også siger i Ef 4, 24: "I sandhedens retfærdighed og hellighed". Det vil sige i ren, sand hellighed. Som både Paulus og Kristus ville sige: Der er mange, som bærer navnet og roser sig af at være hellige, men i virkeligheden er det kun falsk og idel løgn. Den skønne skøge Babylon talte de smukkeste ord, men deri var kun den allerstørste vederstyggelighed; men hvordan går det da til, at man bliver hellig på den rette måde? Ja, det er netop kunsten, at man træffer det rette og ikke bedrages ved skin, men herpå svarer han selv ved følgende tekst og siger:

v17b Dit ord er sandhed.

Ja, deri er det netop, at vi skal kende, hvad den rette hellighed er og ikke lader os bedrage af noget skin, selv om andre roser sig af deres hellighed ved deres ragede hoveder, nattevågen, strengt levned, store lidelser, osv., men du skal vide, at hvad der ikke er ordet eller hører med til ordet, det er ikke helligt, men visselig falskt og bedrageri. Men du siger jo, at sværmerne roser sig af Guds ord. Svar: Djævelen véd godt, at det drejer sig om ordet, og at Kristus henviser til ordet, og derfor vil han også føre Guds ord. Dog svarer vi hertil, at man på *Kristi mund* kan se, hvad han taler, at det *er Faderens sandhed*, og den, der tror og hører det, han har *det rette Guds ord*, som i sandhed og uden hykleri helliggør ham. For hvis du tror på hans ord, så kan du ikke forlade dig på din fornuft, visdom, kræfter eller gerninger eller fordriste dig til at tro, at du skulle blive hellig derved og gælde noget for Gud, derfor kan sådan et menneske ikke være hovmodigt eller stolt, for han finder intet hos sig, hvoraf han kan rose sig.

Derfor må den rette ydmyghed følge med, hvor troen er retskaffen. Efter ydmyghed følger sand tålmodighed, kærlighed mod næsten, så at man gerne gør vel imod ham, ikke håner og bespotter ham eller vredes på ham, kort sagt man må blive et sådant menneske, der har et oprigtigt og rent hjerte, ligesom han for Gud i troen er retskaffen og uden hykleri og lader sig nøje med Kristus og hans gode gerninger. Se så er man et retskaffent menneske, både for Gud og mennesker.

Hold nu selv de andre skalkagtige helgene derimod, for der finder du ingen tro til Kristus, de agter ham ringe og taler kun ordet for et skins skyld, er stolte og hovmodige, ja kan ikke tåle, at man med et eneste ord siger ondt om deres ting. De gør ingen god gerning over for deres næste, ja, de er de giftigste og blodtørstigste folk mod de rette kristne. Dette ser man afbildet alle vegne i evangeliet og i Paulus' breve, ligesom vi daglig ser det hos alle vore sværmere, gendøbere, eller hvad de nu kaldes.

Sådan kan du af frugterne let kende og se træet, det vil sige, hvem der fører Kristi ord rent uden hykleri. For hvor det virkelig findes i hjertet, kan det ikke forbindes med, at man skulle søge hellighed ved egen gerning og livsførelse og forlade sig derpå. Derfor må alle gejstlige og hellige læse og høre disse ord, dog skal ingen forstå, hvad de er, men snarere foragte det, for hvis man ville tale til dem herom, så ville de ikke en gang høre det. *Men af Guds nåde véd vi, at den sande hellighed intet andet er, end når han giver os den rette tro på Kristi ord og bestandig ved sin guddommelige kraft opretholder os derved.*

For vi bekender jo frit for hele verden, at vi er modstandere af Djævelen og hans hob, af alle hans tanker og af den hellighed, han fremhykler, og at vi kun ved troen hænger ved Kristus, så vi i den uden alle vore egne gerninger og fortjenester har Guds nåde og det evige liv. Dette er ikke menneskers, men Guds gerning. Herpå kommer det an, nemlig at ordet er rent, og at man besidder den rette hellighed, som kan dømme og fordømme alt andet falsk skin.

v18 Ligesom du har udsendt mig til verden, så har også jeg udsendt dem til verden.

Her ser du, hvorfor han beder, at de skal helliges, nemlig fordi han adskiller og udsender dem til, at de skal prædike evangeliet, og hermed indsætter han de kære apostle til lærere og prædikanter, hæfter og binder os alle ved deres mund, så mange vi er, lærde og ulærde, så at enhver må ydmyge sig og finde sig i at lære af de fattige fiskere og høre dem, som hører de vor Herre Kristus selv. For det er sandelig meget sagt, når han siger: Jeg sender dem, ligesom du har sendt mig, og vi har hørt, at det er en stor kunst at tro, at Kristus er udsendt af Faderen. Det vil sige, at du kan sætte hele dit hjerte derpå og uden at tvivle kan høre og anse alle de ord, der udgår af hans mund, *som hørte du nu Faderens nærværende stemme tale til dig fra Himlen.* Hvis vi virkelig kunne tro det, så ville vi ikke lade det flyve i vinden, sådan som det store flertal både af lærere og elever roser det guddommelige ord og alligevel blot behandler og leger med det som om det var en nar, der havde talt det. Vi skulle derimod behandle og holde det med al ydmyghed og ære og stor taknemlighed som vor mest dyrebare skat.

For hvad kunne man begære mere end blot én gang selv at måtte høre Gud tale. Og den, der kunne opleve det, ville jo gerne løbe til verdens ende efter det. Her har du et stærkt vidnesbyrd om, at *den, som hører Kristi mund og ord, hører det ord og den mund, der har skabt himmel og jord med et pust* og som bærer og holder det med en finger. Og det er et sådan ord, hvori han *viser og åbenbarer dig hele sit hjerte og vilje.* Dertil skænker og giver han os al sin nåde og gaver. Kort sagt, det hvori al vor frelse og salighed, hjælp, trøst, beskyttelse og sejr i al nød og anfægtelse består. For det må himmel og jord, Djævelen og verden samt alle andre skabninger vige.

Det samme siger han om apostlenes mund og prædiken: Ligesom du har sendt mig, så sender jeg også dem, det vil sige, som de har hørt mig, sådan skal de også høre mine disciple, og på et andet sted siger han til dem: *Den, som hører jer, hører mig. Derfor må vi se på Peter, Paulus og alle andre, som fører et sådant vidnesbyrd, så dit hjerte trygt forlader sig herpå, og at du lader det gælde for lige så meget, som hørte du det blive forkyndt af englene fra himlen, ja af Gud selv.* Se sådan er de kære fiskere og ulærde folk kronet til lærere, ja af den høje fortræffelige majestæt blevet indviet til præster eller biskopper, hvad aldrig er overgået nogen lærd, vis eller helgen på jorden.

Hermed er munden nu stoppet på spotterne, der siger til os: I farer frem på en smuk måde, at man ikke skal modtage menneskelærdom og bud. Hvordan? Har Peter og Paulus ikke været mennesker? Så klogt bærer de sig ad de bespottere, som om de havde ramt det rette. Så meget må man sige: Paulus er et menneske, paven er også et menneske, Paulus er hellig, paven er allerhelligst (som man siger). Skulle man nu ikke høre og modtage paven, så måtte man heller ikke høre og modtage Paulus.

Men svar da sådan: Kære, lad paven fremføre en tekst, der gør ham til lærer som apostlene her, så vil vi også høre ham. Kristus siger, at hans apostle og prædikanter netop skal lære og prædike det, som han har lært og prædiket, og havde Paulus nu prædiket noget andet mere eller mindre end Kristus selv, så var han ikke en Kristi apostel, men hans prædiken menneskeord og lærdom. *Paulus fra Tharsus er vel et menneske, men når han viser sig som Paulus, Jesu Kristi tjener og apostel, da hører du ikke blot et menneskes, men Guds og den herre Kristi mund, som har lagt ham sit ord i munden.*

For det kaldes alene menneskelærdom, som et menneske selv har fundet på, ligesom det hedder menneskegerning, kraft og visdom, som mennesket besidder selv og ikke det, som Gud har virket i ham over og uden for naturen. Som nu f.eks., at Peter opvækker døde eller taler alle slags sprog, deraf ville du slutte, Peter har opvakt døde, derfor er det at opvække døde en menneskelig gerning. Bileams æsel taler også med menneskelig røst, men ville nogen derfor finde på at sige, at det at tale med menneskelig røst er æsels ord eller æselgerning.

Derfor siger vi ligeledes: Apostlene har været mennesker, det er sandt, men de har ikke talt som mennesker, for det er en helt anden sag at være et menneske og at tale af Guds kraft eller visdom, men ikke som mennesker af egen drift og forstand. Det hedder sådan, siger Peter i 1 Pet 4, 11: ”Den, der taler, skal tale med ord fra Gud; den, der tjener, skal tjene med den kraft, Gud giver". Derfor har han sagt til apostlene, at de ikke må tale andet, end hvad han har befalet dem, og at man ikke skal høre noget menneske, hvem det ellers er. Derfor gælder det ikke om, hvor hellig du er, at man derfor skulle tro dine ord og din prædiken bedre. Vi vil ikke høre, hvad den hellige mand Paulus, men hvad Kristi tjenere og apostle siger: *Jeg spørger ikke efter, hvor hellig du er, men hvad du prædiker, og af hvem, du har fået befaling.*

Som sagt er, lad paverne og bisperne fuldføre sådan tjeneste og prædiken som apostlene, fordi de dog har beklædt sådanne embeder, så vil vi med ære modtage dem og bære dem på hænderne som Guds engle, ja som Kristus selv, som galaterne ærede Paulus. Men de frygter én ting, at det skal gå dem, som Kristus her viser: at det skulle gå dem i verden, som det også er gået ham selv og endnu går os og alle, der prædiker Guds ord, at de ikke må blive herrer og eje verdens gods, men hades af verden, tåle foragt og spot, det var ikke godt, derfor vil de hellere forblive i ro.

v19 Jeg helliger mig selv for dem.

Han havde nær glemt at tilføje dette, men hermed vil han atter hindre sværmere og skinhellige, som søger deres hellighed i deres gerninger, for han har sagt, at Faderen skal hellige dem ved ordet. Hvad er det da for en hellighed, og hvad er det for et ord? For det kan ikke være De Ti Bud, fordi de allerede tidligere havde dem, og skønt de nok er hellige, kan de dog ikke *give* den hellighed, vi her taler om, som gør os retskaffen og hellig for Gud, fordi vi ikke formår at holde, hvad de forlanger af os, heller ikke kan de rense hjertet, selv om man i det ydre kan gøre gerningerne, som hyklerne gerne vil.

Dertil vil Kristus nu svare: Det er den prædiken, hvorved de skal blive hellige, at jeg helliger mig selv for dem. Her hører du intet om vor gerning og fortjeneste, men om Kristi gerning og gave, som ikke kan modtages uden ved troen. Men han bruger et ord fra Det Gamle Testamente, som Moses stedse bruger om sin gudstjeneste, da han kalder alle de ofre, som folket bragte, hellige, og vil derfor have alle dem

70

sammen med Det Gamle Testamentes hele gudstjeneste ophævet, som noget, der ikke kan gøre hellig for Gud. Som ville han sige: Hist kaldtes de hellige folk, når de ofrede deres okser, får, mel, korn osv., hvilket, når præsterne fik det i hånden, ikke mere kaldtes en almindelig, men en hellig ting, givet af Gud. Således blev kreaturerne hellige for Israels børn, når de ofredes, men dette var kun en ydre hellighed, men mine kristne må have et andet offer, hvorved de i sandhed bliver hellige. Det skal gå sådan til, at jeg helliger mig selv for dem.

Derfor må du ikke forstå disse ord sådan: Jeg helliger mig selv, som han endnu skulle blive hellig, som den, der ikke tidligere var hellig, for han har været hellig i moders liv, som englen siger i Luk 1, 35: ”Det, som skal fødes af dig, skal kaldes hellig”, men at hellige betyder her at udrette et præsteligt embede, som ville han sige: jeg vil også en gang holde en messe (som de pavelige præster taler om deres messe). Jeg vil hellige mig selv, det er, *jeg vil selv være offer og gave og også præst.* Derfor betyder ordene på det enfoldigste så meget: jeg ofrer mig selv til et helligt offer, og det siger han: ”for dem”. For sig selv behøver han det ikke, fordi han ellers er hellig og er præst alene for, at han kan gøre os hellige.

Meget kunne siges herom, da det er så rige ord, men vi kunne behøve et helt år til at prædike om, dvs. om hvad Kristus har gjort for os, alene det, at man véd, at denne tekst sigter dertil og samler det hele under ét. *Så er nu hovedsummen det, at Kristus er vor præst, er trådt i vort sted og har ofret sig på korset til Gud Fader,* så vi ved hans offer og død skulle blive forsonet med Gud og blive hellig. *Det er hovedartiklen og kilden til al den trøst, som vi kristne véd af.* Han har anført dette, fordi han her taler om det ord og den sandhed, hvorved vi helliges, så kan han ikke tie med, at det er ham selv, som har fortjent og erhvervet det. Den, som griber og tror dette ord, er sandelig retskaffen og hellig.

v19b For at også de skal være helligede i sandheden.

Se, hvor tydeligt han taler om den sande hellighed for at advare os, at vi skal se os for og ikke tage fejl af den rette hellighed og heller ikke stille noget op, hvori man søger hellighed. For han har jo set, hvor svært det er og hvor mange anfægtelser, der er selv for de kristne, og at man fristes at søge noget hos sig selv, hvorved man kan opnå hellighed, og ingen vil, at han hænger sig blot ved ordet og kryber i Kristi hellighed. Derfor har han, siger han, så flittig gentaget det ord: ”I sandheden”, og stillet det imod al verdens og menneskelig hellighed. Min hellighed, siger han, gør dem i sandhed hellige. Skal det være sandt, så kan du selv se, at alt andet må være forgæves, ja fordømt, hvorved man drister sig til at blive hellig for Gud, for det passer ikke sammen, at Kristi blod skal og må hellige, og vor stand og gerning skulle opnå hellighed, selv om det var alle munkes ordner, alle hellige fædres, Frans, Hieronymus, ja også Johannes Døbers levned og gerninger, der, selv om de end er de bedste gerninger, bliver vanhellige og fordømmelige, når man dertil føjer en sådan indbildskhed og dristighed sammen med Kristi blods forsmædelse og bespottelse.

Men derimod, hvor troen er den rette, at Kristi hellighed alene gælder for Gud og er vor hellighed, der gør den også al vor levned og gerninger hellige. Ikke for deres fortjenestes skyld, men for sådan en tros skyld, hvoraf de kommer, uden hvilken ingen gerning eller levned behager Gud. Deraf kan du dømme og svare, når man spørger: Hvad er den helligste stand? De, der tror, at Kristus er al vor hellighed, ved hvilken hovedhellighed som sagt alt, hvad vi udretter, kaldes helligt, ligesom personen er hellig.

Af denne tekst ser du også, hvordan vi hidtil er blevet bedragne af vore drømmeprædikanter, som ikke har sagt os et ord om denne hellighed, og ikke har prædiket om nogen helgen uden dem alene, som er døde og er i Himlen. Da dog hele Den Hellige Skrift, når den taler om helgener, alene taler om de levende helgene af den grund, at den intet har med døde at gøre, som ligger under jorden og ikke hører ordet. Den kalder alene dem for hellige, som hører og modtager ordet, skønt de endnu er i kød og blod. Derfor skal vi også med Kristus agte og kalde dem hellige, som har hans ord og alvorlig mener og bekender det, særlig i anfægtelse og forfølgelse, skønt de er elendige, svage mennesker og ikke har skin af synderlig hellighed. For vi kan dog ikke se det afmalet i nogens pande, hvem der er retskaffen hellig eller ikke, men det kan vi se, hvor ordet er og bringer frugt, at man for dets skyld lider, hvad man skal, dér må bestemt også være levende helgene.

Her siger nu vore helgenes falske ydmyghed: Gud bevare mig derfor, hvorfor skulle nogen være så hovmodig og kalde sig hellig, er vi da andet end arme syndere? Svar: Det kommer alt af den gamle vane, at når man hører om hellighed, så ser man kun på de store gerninger og betragter de hellige i Himlen, som havde de selv erhvervet og fortjent det. Men siger vi sådan: at Kristi rette helgener må være store, stærke syndere, som forbliver sådanne helgener, som ikke skammer sig ved at bede Fadervor og sige: Helliget blive dit navn, komme dit rige, forlad os vor skyld osv., hvor vi bekender, at Guds navn ikke helliges i os, som det skal, og ej heller kommer hans rige, eller hans vilje sker, som den burde.

Derfor kaldes de hellige, ikke, at de er uden synd eller bliver hellige ved deres gerninger, men tværtimod, at de for sig selv og med alle deres gerninger er idel syndere og fordømte, men *de bliver hellige ved en fremmed hellighed,* nemlig den Herre Kristi, *som ved troen skænkes dem og bliver deres egen.* Den er så stærk og kraftig, at den skjuler og dækker alle syndere og fejl, som bliver i kød og blod, som jeg ofte har sagt, al *Kristi rige intet andet er end idel forladelse,* kun omgås med synden og stedse skjuler og renser, så længe vi lever her.

v.20 Men jeg beder ikke alene for disse, men også for dem, som ved deres ord tror på mig.

Denne tekst må vi skrive med lutter gyldne bogstaver som den, der særlig vedkommer os, for hvad han tidligere har talt, det kunne lyde, som havde han ment sine apostle alene, skønt han dog har tilkendegivet, at det skal gå videre, da han har sagt: Ligesom du har udsendt mig, så sender jeg dem til verden. Dog, for at en bange samvittighed ikke skal tvivle og sige, ja, han har nok bedt for apostlene og jøderne, som de var sendt til, men hvad for mig? Deri nævner og indbefatter han også os hedninger, ja indeslutter hele kristenheden indtil den yderste dag i denne bøn, så den går igennem hele verden, hvor apostlenes ord og prædiken kommer hen og antages ved troen, uden nogen person eller sted bliver udelukket. Derfor gives der intet mere trøsterigt ord i Skriften for os hedninger end dette.

Og læg godt mærke til denne tekst, hvordan Kristus ophøjer og priser apostlenes prædiken, ved hvilken vi kan komme til ham og tro på ham. Derimod findes der en hel del sværmerånder, der lærer at foragte det ydre ord og siger, at Ånden alene gør alt. Ydre ting, tegn og mundtlig prædiken er ikke nyttig for troen i hjertet, det indre menneske må have et indre ord. Skriv kun disse løgneånder denne tekst med store bogstaver: "Dem, som ved deres ord tror på mig," og spørg dem så om det ord at tro tilkommer det indre eller det ydre menneske, eller om apostlene har prædiket et ydre eller et indre ord? Så kan de jo ikke benægte, at det ord "at tro", som alene hører til hjertet og det indre menneske, og ordene "ved deres ord" hører sammen og danner et indre menneske.

For det kaldes et indre menneske, som tror og sætter sit hjertes tillid ganske til Gud, men et ydre kaldes det menneske, der spiser, drikker, hører, går, står og arbejder og foretager sig alle slags legemsgerninger. Men troen er ingen legemlig gerning, som hænderne og fødderne, men en gerning af hjertets inderste grund. Når Kristus nu siger, de skal tro, da forstås der derved, at de ved apostlenes ord skal blive indre eller åndelige mennesker, og deraf følger det ufravigeligt, at dette ord ikke tjener til det ydre, men til det indre menneske, og det betyder intet, når de siger: mundtlig ord eller prædiken nytter ikke uden til et ydre vidnesbyrd eller bekendelse om det indre menneske.

Atter siger de, at hvis det ydre ord virkede dette, så måtte alle, som hørte det, tro og blive salige. Svar: Tak skal de have! Det er jo allerede en halv indrømmelse, at de ikke kan benægte at nogle trods alt tror. For sådan siger vi også, at selv om ikke alle tror, så er der dog mange, der tror. Kristus siger jo heller ikke, at alle vil komme til tro. Men deraf følger ikke, at ingen kommer til tro. Hvad er det for snak, at de slutter sådan: De tror ikke alle, derfor kommer troen ikke ved ordet? Så kunne jeg også konkludere i spøg: Ikke alle er lydige mod fyrsterne, herrerne

74

og forældrene, derfor er ingen øvrighed, fyrster eller forældres stand nyttig eller fornøden, og Guds bud må være forgæves.

Derfor vender vi det om og siger sådan: Vi véd, at nogle tror, som hører ordet, og kan bevise det med mange eksempler fra Skriften. Derfor mener vi, at ordet er nyttigt og fornødent, ikke alene for ørerne, men også for hjertet eller det indre menneske. *Men at nogle ikke tror, skønt de hører ordet, gør ikke ordet ringere.* Det forbliver alligevel sandt, at det er *det middel, hvorved troen kommer i hjertet.* Og uden det kan ingen tro. Ligesom jorden ikke kan bære fragt uden sæd, skønt sæden ikke altid kommer frem og vokser op, *men det er ikke sædens skyld, men jordens.* Heraf kan man ikke konkludere, at fordi jorden ikke bærer frugt uden sæden, så må alt jord, som sæden falder på, bære frugt. Og sådan kan man heller ikke konkludere, at alle kommer til tro, der hører ordet, selv om troen kommer ved ordet. Men lad de narre fare, for de er ikke værd, at man skal røre ved deres urenhed med sådan en herlig og dyrebar tekst. Derfor bør vi anvende ordet til vor trøst og se, hvorfor han beder for os, eller hvad det skal virke og tilvejebringe.

v21 At de må alle være ét.

Disse ord har vi tidligere forklaret, hvad det er at være ét eller én ting, og hvad det bevirker, nemlig dette, at al vor beskyttelse og forløsning fra synd og død, verdens og Djævelens magt er indbefattet i dette eneste ord, for den, der på grund af apostlenes ord tror, skal på Kristi vegne og i kraft af denne bøn være overbevist om, at han med hele kristenheden skal være ét legeme og ét brød, nemlig sådan, at hvad der gør ham godt eller ondt som et lem, det gør hele hans legeme godt og ondt. Ja, ikke én eller to helgene, men alle profeter, martyrer og apostle, ja alle kristne på jorden eller hos Gud, de lider og vinder med ham og gør ham delagtig i alle deres gode ting, trøst og glæde.

Hvor kunne nogen ønske sig noget saligere end at blive indlemmet i dette broderskab og blive et lem på dette legeme, som kaldes kristenheden, og som har Gud med alle hans gode ting til ejendom. Det er en mægtig frue eller kejserinde i himlen og på jorden, som både djævel og verden, død og helvede må falde ned for, når hun siger et ord. For hvem kan skade det menneske, som kan pukke på dette? Når et sådan menneske lider, må både himmel og jord, helgens og engle lide. Hvis han synder, så hans samvittighed truer med djævel, død og helvede, siger Gud med hele hoben: Kære synd, skån ham for helvede og lad ham gå fri. Men der hører tro til, fordi det for verdens og fornuftens øjne synes det ganske anderledes.

v21b Ligesom du, fader i mig og jeg i dig At også de skal være ét i os.

Her berører han atter den store artikel om sin guddom, som vi tidligere har talt om, for at forklare, hvilken enhed han mener. Jeg og du er ét, siger han, ét guddømmeligt væsen, og netop det samme skal være, når de bliver indlemmet i mig, ja aldeles ét brød, at de har alt, hvad du og jeg formår. Således bliver også vi meddelagtige i den guddommelige natur, som Peter siger i 2 Pet 1, 4. For skønt Faderen og Kristus er ét i den guddommelige natur på en anden højere og ubegribeligere måde, så har vi dog dette, at han er vor og vi hans.

Dette er atter sagt til trøst mod verdens og Djævelens magt. For skønt han angriber et svagt lem af kristenheden og mener, at han har opædt det, ja selv om han ville angribe hele kristenheden og sige, hvad agter jeg kristenheden, hvad er den mere end kød og blod, så må han høre og føle, at han ikke angriber os, men Kristus i os, end ikke Kristus alene, men Faderen, der er den mægtige majestæt, og derfor vil han også falde til jorden. Kristus vil selv på den yderste dag i sin majestæt afsige dommen både til de fromme og de ugudelige: Matt 25, 40: Hvad I har gjort mod én af mine mindste brødre, det har I gjort imod mig, hvilket betyder, at vi alle er som ét lem.

v21c For at verden må tro, at du har udsendt mig.

Det er frugten, der skal komme af denne forening, nemlig at Kristi ord videre udbredes i verden og antages af denne, da der deri ligger en uovervindelig kraft og en evig nåde og salighed. Det er den høje kunst, som er så dybt skjult og underlig og aldrig kan læres fuldtud. Derfor kan han næsten ikke tale om andet med alle sine ord. For det er ikke opkommet i noget menneskes hjerte, at man må træde fuldstændig ud af sig selv og regne alt, hvad nogen som helst véd eller formår, for intet. *Helt nøgen må man krybe ind i Kristi retfærdighed, hellighed og visdom, som er indfattet og skænkes i det svage og ringe ord.*

Jeg forsikrer, at så vidt jeg har set og erfaret både hos prædikanter og skribenter, så er der med undtagelse af de bedste ingen, der kender noget til dette stykke, og har de endelig hørt noget derom, så er det gået dem ganske forbi. Alle kan skælde ud på paven, munkene og præsterne, men den egentlige grund til at man skal omstyrte pavedømmet og al falsk lære, er der kun få, der kender.

Derfor må jeg også flittigt formane, at man agter vel på dette ord, ja på hele dette kapitel, for jeg kender ellers intet sted, hvor dette hovedstykke i den hele kristne lærdom så godt indbefattes og er sagt med så tydelige ord, nemlig, at vi i Kristus har alt, hvad vi skal have. Ordene er enfoldige og simple, derfor springer også de kloge ånder dem over, foragter dem, som om de for længst i deres barndom var færdig hermed, hvorimod de skriver og prædiker verden helt fuld med deres egne drømme og tanker.

v22 Og den herlighed, som du har givet mig, har jeg givet dem, for at de skal være ét, ligesom vi er ét, jeg i dem, og du i mig.
Betragt hvor længe han taler herom, netop fordi han holder det for den højeste og bedste lærdom, der nogen sinde er blevet prædiket. Jeg har, siger han, givet dem min herlighed. Det er en herlig rigdom og skat, som overgår al rigdom og alle skatte, der i sandhed prises her. Det kalder Skriften for herlighed, og den må agtes og æres højt, højere end det, Kristus kalder kong Salomos herlighed, al hans kongelige skat, magt og ære, Matt 6, 29. Hvad er det da for en herlighed, som Kristus har og giver? Netop det, som han tidligere har sagt: at de alle skal være ét, ligesom Faderen og jeg er ét.

Det er den kostbare og herlige skat og kildevæld, ja selve guldgruben til alle guddommelige ting, liv, trøst og salighed. Hvem der blot kunne tro det! Men troen er ikke en ringe og løs tanke, men en levende, alvorlig, trøstefuld og urokkelig hjertets tillid til denne fortræffelige herlighed, hvorved vi er ét med Kristus og ved ham er ét med Faderen, så at Kristus lige så lidt kan skilles fra Faderen som kristenheden og ethvert kristent lem kan skilles fra ham. Sådan hænger alle ting sammen.

Men hvorfra kommer sådan herlighed, at de alle skal være ét i Kristus og Faderen? Ikke fra vore gerninger, men ved ordet, som han har givet os, for det hedder ikke fortjent eller erhvervet ved menneskelig arbejde, kræfter og formue, men givet os ved Kristus, for gerninger danner mange slags sekter eller adskillelser, da én arbejder og lever på den måde og en anden på en anden nåde. Sådan er også vort naturlige legemes gerninger forskellige, hvert lem har sin gerning, og dog er de alle med hinanden ét i væsenet og alle gode ting, men hovedpunktet er, at troen skal holde alle gerninger sammen og gøre dem til ét, så at alle hjerter tillige hænger ved én Kristus og Faderen, og alt, hvad de virker og lever, udgår af denne troens forening.

v23 For at de må være fuldkommen ét.
Han kan ikke tale nok om dette ord, fordi han siger, at det ikke er tilstrækkeligt, at de er ét, men de må også være fuldkommen ét. Ganske det samme som ville han sige: Jeg har én kristenhed, de skal også alle blive ét. Men mange af dem er endnu svage, derfor beder han, at de stedse må blive stærkere i den begyndte tro, og sådan blive fuldkommen og aldeles ét i Kristus.

Sådan taler Paulus i Kol 2, 10: ”I er i ham blevet fyldt”. Det vil sige, I har alt i Kristus og mangler intet, men derimod er der mangler i vor tro. Den, som derfor har Kristus, han kaldes fuldkommen, hvilket vil sige, at han har en fuldkommen skat af alle gode ting, som han kan ønske og begære, så han intet mangler, kun at han må forstå at holde fast derved. Skatten ligger der i én bunke, men karret er svagt og kan

78

ikke fuldkommen beholde det. For vi bærer vor skat – siger Paulus 2 Kor 4, 7 – i lerkar, derfor må vi daglig bede om, at vi ikke mister denne herlige skat eller lader djævelen fravriste os den, han som med al sin magt og sine rænker vil tragte derefter, men jo længere vi når frem, des mere må vi vove og sætte legeme og liv, ja alt ind på at beholde det.

v23b For at verden må erkende, at du har udsendt mig.

Det er de to stykker, som han stedse taler om. Det første, at vi, som ved apostlenes ord tror, daglig skal arbejde hen mod at blive ét ved troen. For det andet, at det ved denne forening kan blive bekendt og åbenbaret i verden, hvordan Kristus er udsendt af Faderen, og hvordan vi er elskede på grund af ham. For på disse to stykker i ordet og troen afhænger nemlig alle ting. Den, som mister dem eller lader dem bortfalde, har mistet alt, så at der ingen råd, hjælp eller trøst mere gives, for så er der ingen forening eller Kristus mere, ej heller noget ord eller kundskab om Faderen, kort sagt lyset er slukket, ingen vej kan findes, man farer vild i mørket og drives af Djævelen efter al hans vilje, sådan som vi før har erfaret det.

v23c Og har elsket dem, ligesom du har elsket mig.

Dette er resultatet af kundskaben og ordet, at vore hjerter glad kan sige, at de er Guds kære børn og har en venlig, nådig Fader. For det hører Kristus og hans embede til, at han ved sit ord kan give os en sådan nåde og kærlighed. Og fordi Faderen fra evighed til evighed har elsket Kristus, sin eneste søn, så kaldes det en kærlighed i Kristus og for Kristi skyld. Kort sagt, en overstrømmende evig kærlighed, som intet menneskehjerte kan begribe. Se, det er den uudsigelige herlighed, som er givet os i Kristus, men alene i ordet og troen, indtil vi i det andet liv skal se den for vore øjne.

v24 Fader, jeg vil, at, hvor jeg er, skal også de, som du har givet mig, være hos mig.

Dette er den sidste og mest trøstefulde bøn af alle dem, Kristus har lært os, at vi kan være vis og sikker på, hvor vi skal finde ro og hvile, da vi her i verden er elendige, foragtede og intet blivende sted har. For vi har hørt, at hvem der er en kristen, må undvære al verdens gunst, nåde og sikkerhed og være Djævelens dørmåtte, så at han uafladelig må svæve i livsfare, ja hver time vente døden. Nu er døden en frygtelig ting, særlig når den stedse står en for øjet, og mennesket ikke véd, hvordan han skal komme over det første trin og overnatte. Derfor siger Kristus, som vor fromme og trofaste frelser, at han vil berede os et herberg, så vi skal være hos ham og have det lige så godt, som han har det hos sin fader, hvor I sikkert kan hvile og have fred for verden og alle djævle.

Hvor kan det nu være, og hvad kaldes dette sted? Hvor jeg er, siger han, det er i Faderens skød og arme, hvor alle engle løber til, løfter og bærer os, dog har det intet navn, men må fattes ved troen i ordet. Derfor skal vi lade dette ord være vor hovedpude og drømmeseng for vore sjæle og med glade hjerter gå bort, når den time oprinder, hvor vi skal løses fra al synd og ulykke, ja fra verdens og Djævelens magt, og føres til evig hvile og glæde.

Men det er ofte før sagt, hvem Kristus mener med disse ord: ”Dem, du har givet mig”, nemlig at de gælder os, så vi trøstigt tør modtage denne forjættelse og ikke tvivle på, at Kristus vil tage os til sig i sin herlighed, skønt vi endnu er syndere, svage og skrøbelige, for disse ord er sagt til os, mens vi levede på jorden og ikke til englene i Himlen eller de afdøde helgene, og mærk derfor det ord, at han siger: ”jeg vil.” netop deri ligger, at forjættelsen er sikker og ikke kan lyve eller bedrage.

v24b For at de må se min herlighed, som du har givet mig.

Dertil kommer, at mine kære kristne ikke alene skal være hos mig, men klart beskue min herlighed, hvorom han tidligere med andre ord har sagt: Jeg har givet dem den herlighed, som du har givet mig. For nu på jorden har og kender vi den nok i troen, men ser den ikke, uden som Paulus siger i 1 Kor 13, 12, i et spejl og en mørk tale: nemlig at vi hører og prædiker derom og fatter i hjertet, at Kristus er opstanden fra de døde, opfaret til Himlen og sidder som den mægtigste majestæt over alle skabninger. Dog er det endnu en dunkel kundskab, som intet menneskehjerte eller forstand kan begribe, at den herlighed er så stor, men det andet lys skal skinne hisset. Deri ligger den uhyre store trøst, når blot et menneske kunne tro derpå, men vi er så kolde og sene til at tro det, så vi ikke føler den trøst og kraft, som ordet har, og at den store herlighed ikke rigtig går ind i vore hjerter. Men alt sådant bringer denne herligheds beskuelse med sig, ja alt, hvad vi skal have og nyde i det evige liv og salighed, som intet menneske kan udtale eller udgrunde med sine tanker.

v24c For du har elsket mig før verdens grundlæggelse.

Den herlighed skal de se, hvordan jeg er din søn, ikke alene som den, der er udsendt i verden og født af en jomfru, men endog som din eneste søn, elsket fra evighed, for verdens begyndelse. Gud kunne ikke elske ham højere end at give ham en evig guddom. Dette bliver vel nu prædiket og troet, men er endnu skjult for vore øjne, indtil vi ser det uden dække og forhæng.

v25 Retfærdige fader, verden har ikke kendt dig.

Dette er et mærkeligt ord, hvor han siger af et brændende hjerte, ak kære fader, hvorfor lader verden sig dog ikke sige eller prædike for, at de også kan kende det. Hvorfor begynder han først her i slutningen at prise Faderen med sådan en titel som retfærdige fader og ikke mere gode, barmhjertige eller som ovenfor sagt hellige fader. Svar: han har i samme stund set tilbage på verden, som aldeles ikke vil høre eller tåle ord et, men på d et heftigste forfølger og bespotter det, så at Kristus må sige, du er jo en retfærdig Gud, der handler ret og gør en sådan forskel imellem dem, som er af verden, og dem du har givet mig, nemlig at du fraskiller disse og fører dem til mig, at de kan blive, hvor jeg er, og slipper de andre, hvor de hører hen, da de dog ikke kan reddes.

Så må vi endelig selv rose os af, at vi rigeligt har forkyndt evangelie og intet efterladt, der kan hjælpe til at omvende dem, så ingen kan sige andet, end at der vederfares dem retfærdighed, når Gud straffer den med pest, krig og al slags plage, da alle velgerninger er spildt på dem, og ingen nåde kunne hjælpe dem. For han kan heller ikke se gennem fingre med dem, da han giver os sig selv med alle sine gode ting, og må derfor tåle af verden, at den støder ham tilbage.

Derfor slutter han også nu og siger: kære fader, verden kender dig dog ikke og vil ikke kende dig, om end det stilles klart for dem, og de ikke kan nægte, at det dog er sandhed. Jeg prædiker og siger dem alt, hvad den sande Guds kundskab er, nemlig, at intet gælder for dig uden tillid til din nåde og godhed, Som gives for intet, og hvordan de ved mig må have alle ting. Lå vil de hverken se eller høre mig og mit ord. Det skal alt sammen være intet. Derfor gør du net i at lade dem fare i deres forhærdede blindhed til deres fader, Djævelen, at de hverken i den tilkommende eller nærværende beskuelse må se noget af min herlighed.

v25b Men jeg har kendt dig, og disse har kendt, at du har udsendt mig.

Det er, at jeg ved, at jeg prædiker dit ord og om dig alene, som den eneste, sande Gud. Derigennem vil du agtes og tro for din godhed og nåde, som verden ikke modtager, men fordømmer og overgiver til den lede djævel. Men disse mine kristne, som du har givet mig, at de skal modtage det, de kender dig også, nemlig sådan, at du har udsendt mig, i hvem Faderens kundskab findes, som det overalt er vist i dette kapitel.

82

v26 og jeg har gjort dit navn kendt for dem og vil gøre det kendt,

Jeg har givet dem ordet, hvorved dit navn er blevet dem bekendt, hvad du er, hvordan man skal agte dig, ikke alene vide, hvordan Faderen har skabt himmelen og jorden, at han vil hjælpe de fromme og straffe de onde, men at han har sendt sin søn til verden og givet os ham til at borttage synd og død, ja også til at erhverve os Faderens venskab og nåde. Dette er det rette Guds navn, der viser os, hvad han har i linde og oplader hans faderlige hjerte, vilje, tanke og velbehag, hvo der ikke kender ham sådan, kender ham ikke ret og ved heller ikke, hvordan han skal kende og ære ham. For hedninger, jod er og tyrker tror også, at der er en Gud til, som har skabt himmel og jord, og de vil også tjene den rette Gud alene, men de tror og ved ikke, at det er Guds eneste tanke og vilje, at man skal kende Kristus, som er udsendt af ham og gjort os til forløsning, det vil hverken pavedømmet eller andre sværmere nogen sinde komme til erkendelse af.

Og mærk vel, at han siger ikke alene: jeg har kundgjort dit navn for dem, men føjer endogså dette til, jeg vil kundgøre dem det, det er: jeg vil ikke, at det alene skal være begyndt og lade det blive derved, men jeg vil stedse vedblive at prædike det samme både med ord og ånd, så at man bestandig bedre kan forstå det.

For alting kommer an derpå, at man ved troen lærer Faderen at kende, så at hjertet med glad tillid til al nåde kan vende sig til ham og ikke frygte for nogen vrede. Og der er sandelig ingen tungere kunst i himlen og på jorden, og det er noget, som man ikke har lært ved at høre det én eller to gange, således sådan som vore uforstandige, kloge og indbildske ånder tror.

v26b For at den kærlighed, hvormed du har elsket mig, skal være i dem, og jeg i dem.

Dette er det, hvorom det hele drejer sig, at man kender Faderens vilje og hjerte, nu forkyndes ved ordet, men som i det andet liv skal ses åbenbare, hvordan han har elsket og endnu i evighed elsker os alene ved sin søn Jesus Kristus. Når vi har dette, så har vi vor frelses og trøsts højeste skat. Så bliver vi i Kristus og han i os, ja vi hænger alle sammen, som der tidligere tilstrækkelig vidtløftigt er skrevet om.

Vor Herre Jesus Kristus opholde og styrke os i en sådan ren kundskabs og tros samfund indtil hans herlige genkomst.
Ham være lov, ære og pris med Gud fader i evighed.

Amen.

Den Store Lutherserie

1 Kristi nadverord står fast
2 Kirkepostillen, bind 1
3 Kirkepostillen, bind 2
4 Kirkepostillen, bind 3
5 Salme 51
6 Opstandelsen
7 De Lutherske Bekendelsesskrifter
8 Vejledning for menighederne
9 Huspostillen
10 Bjergprædikenen
11 Luther-Lex-Citater
12 Teologiens Grundbegreber
13 Første Mosebog bind 1
14 Første Mosebog bind 2
15 Første Mosebog bind 3
16 Første Mosebog bind 4
17 Om den hellige dåb
18 Fortalerne til Bibelen
19 En enkel måde at bede på
20 At bede enkelt
21 Nådens Nøgler
22 Sang og Musik
23 Udvalgte Breve
24 Festpostillen
25 Gud vil alles frelse
26 Peters Første Brev
27 Kirkepostillen - Vinterdelen
28 Kirkepostillen - Sommerdelen
29 Troen Alene
30 Kristi bøn - Johannes 17